KB210563

어제보다
  조금 더 깊이
걸었습니다

숲의 말을
듣는 법

어제보다
조금 더 깊이
걸었습니다

김용규

디플롯

삶을 통해, 삶을 사랑하는 법을 전수하고 떠나가신

부모님께 이 책을 바칩니다.

차례

들어가며

우리가 저 푸른 숲을
본다는 것은

숲은 살아가는 존재들의 공간입니다.
살아간다는 것은 눈부신 일이면서 동시에 눈물겨운 일입니다.
우리가 저 푸른 숲을 본다는 것은
그 찬란한 삶들을 마주하는 일입니다.

.

사람들은 저마다 자신이 인식한 대로 누군가에게 이름을 붙이지만, 따지고 보면 그 누군가는 온전히 호명되기 어렵습니다. 예컨대 어떤 이는 저를 강연자로, 혹은 숲에 관한 책을 쓰는 저술가로, 또 다른 이는 명함에 적힌 '생명학교 교장'으로 부릅니다. 하지만 저는 그런 이름만으로는 결코 온전히 설명될 수 없는 존재입니다.

외적인 특성만을 담아낸 보통명사로 누군가를 부를 때, 그는 너무 작은 조각으로 분리되고 또 과도하게 압축됩니다. 그이는 단순하고 건조한 몇 개의 명사로는 오롯이 불릴 수 없는 사람입니다. 겉으로 드러난 모습만으로 차마 설명될 수 없는 두꺼운 층위의 내면을 가진 존재이기 때문입니다. 그는 명사로 고정될 수 있는 사람이라기보다 무수한 동사로 이루어진 존재입니다. 그에게 **능동적인 삶**이 있다는 것입니다.

　산다는 건 역동 그 자체이거늘, 한 존재가 마주해온 삶의 기나긴 사연을 어찌 몇 마디 명사로 담을 수 있겠습니까. 그를 부르는 이러저러한 명사는 수면 위에 조금 드러난, 일각의 얼음에 지나지 않습니다. 그게 누구든 그가 감당하고, 누리고 있는 삶의 실존은 빙산 전체를 떠받치고 있는 수면 아래의 얼음덩어리에 더 가깝습니다. 저마다 거대하고 육중합니다.

　오늘날 우리는 각종 명사를 중심으로 세계를 이해하고 표현하는 데에 익숙해져 있습니다. 아무래도 그 방식이 가장 효율적이기 때문일 것입니다. 이는 너무 복잡하고 빨라진 현대에 적응하기 위해 우리 언어가 찾아낸 나름의 방식일 것입니다. 하지만 이 방식만으로는 '그'를 온전히 만나기 어렵습니다. 압축된 '그 아무개' 너머에는 강물처럼 긴 사연이 흐르고 있으니까요.

　명사로 포장된 관계는 지나치게 얕고 가볍습니다. 삶을 더 깊고 풍성한 관계들로 채우고 싶다면, **서로를 '과정'으로 파악하려는 수고가 필요**합니다. 외피를 조심스레 벗겨내고 한 걸음 더 들어가보려는 노력, 타자를 동사 중심으로 만나려는 노력이 있어야 합니다. 타자를 동사를 중심으로 만나기 시작할 때 비로소 어떤 연결감이 생겨납니다. 그와 나는 분명히 다른 존재이지만, 본질적으로는 같은 생명을 지닌 존재임을 느끼게 됩니다. 포장지 대 포장지의 긴장은 삶 대 삶의 관계 안으로 녹아내리고, 그때부터 서로 스미는 부분이 생기게 됩니다. 이럴 때 삶은 훨씬 더 너그럽고 풍성해집니다.

그래서 저는 최소한 생명만은, 우리의 삶만은 피상적으로 대접하지 않기를 늘 희망합니다. 각자가 품고 있는 환한 꽃을 보지 못하고, 어린아이들을 오직 성적과 등수로 줄 세우는 것은 얼마나 마음 아픈 일입니까? 누군가를 연봉이나 학벌, 사회적 지위, 외모 같은 기준으로만 판단하고 대하는 태도는 그 존재의 가능성과 아름다움을 얼마나 왜곡하는 짓입니까? 정작 소중한 것들은 명사보다는 동사, 압축된 외면보다는 내면에 담겨 있는 경우가 더 많은데 말입니다.

숲과 인간의 관계도 크게 다르지 않습니다. 사람들은 대개 숲도 그 외면만을 중심으로 파악하고 대합니다. 숲의 물리적, 자원적, 심미적 특성만을 주로 접촉하기에, **숲과 깊이 연결되는 내적 체험**은 좀처럼 경험하지 못합니다. 그것은 아마 거의 모든 이에게 낯설고, 그 방법도 잘 모를 이야기일 것입니다. 그래서 숲과 깊게 연결될 때 저절로 얻을 수 있는 영감이나 위로, 삶을 사랑할 용기나 지혜, 한없이 드넓어지는 마음의 지평과 평화 같은 귀한 선물을 놓치게 됩니다.

어떤 이들은 숲에서 주로 먹거리를 봅니다. 그들에게 숲은 때맞춰 나물을 뜯고 각종 야생 버섯을 채취할 수 있는 곳이거나, 나무에서 수액을 얻는 곳입니다. 어떤 이들은 숲을 돈을 벌기 위한 공간으로 바라봅니다. 이들 중 소박한 사람들은 임산물을 재배함으로써 소득을 얻기 위한 곳으로 숲을 대하기도 합니다. 일부 야심에 찬 사람들은 과감히 숲의 물리적 구조를 건드리고, 심지어 숲 생태계의 질서를 파괴해서라도 거대한 리조트나 골프장 등을 건설하려 합니다. 밀림을 불태워 농지로 만드는 사례도 빼놓을 수 없습니다. 대규모 수입을 얻기 위해 숲을 개발의 대상으로 바라보는 것입니다. 한편, 대다수의 사람들은 숲을 등산이나 캠핑 등의 취미활동을 하거나 휴양하는 공간으로 바라봅니다.

물론 최근 들어 숲을 다르게 바라보려는 흐름도 생겨나기 시작했습니다. 숲을 체험활동을 위한 교육 공간이나, 치유의 장소로 인식하고 활용하는 흐름이 그것입니다. 주로 산림청과 지방자치단체의 주도 아래 '유아 숲 체험원' '숲 치유원' 같은 공간이 규모를 갖춰서 조성되고 있습니다. 이 공간들에 대한 대중의 인기도 좋은 편입니다. 이용객이 매년 증가하는 추세이며, 이용 경쟁도 꽤 치열합니다.

파괴적 방식을 제외한다면, 현대인이 숲과 가까워지려고 시도하는 모든 노력은 매우 반가운 일입니다. 알다시피 **숲은 인류의 오래된 고향**입니다. 문명 이전의 인류는 거의 전적으로 숲에 기대어 살았으니까요. 에리히 프롬Erich Fromm에 이어 에드워드 윌슨Edward Wilson이 중시한 개념인 생명과 자연을 그리워하는 인간 본능, 즉 '바이오필리아bio-phillia'를 굳이 소환하지 않더라도 인간은 본래 자연에 대한 향수를 품은 존재입니다.

우리 문화는 더 절실한 경험을 지니고 있습니다. 우리가 지금의 모습으로 살게 된 지는 100년도 안 되었습니다. 콘크리트와 아스팔트로 주거 공간이 뒤덮이기 이전, 우리는 자연과 분리된 적이 없었습니다. 자연으로부터 떨어진 채 계속 살게 되면 우리 몸과 마음은 다양한 병리적 증상과 만나게 돼 있습니다. 이것은 어린아이가 엄마의 품에서 멀어질 때 분리 불안을 겪는 것과 같습니다. 따라서 자연의 리듬과 엇박자를 내며 살아가고 있는 현대인은 숲이 날마다 빚어내는 리듬에 다시 연결되기만 해도 소중한 것들을 되찾을 수 있습니다. 심신의 안정을 얻을 수 있고, 삶의 아름다움과 재미도 발견할 수 있습니다. 잃어가는 생명성을 회복할 계기를 찾을 수도 있습니다. 더 자주, 더 고요하게 숲을 만난다면 잊었던 감각들도 서서히 깨어나기 시작할 것입니다. 오감을 회복하면 어린 시절엔 사소한 것에도 터진곤 했던, 그러나 이제는 너무나 드물어진 감탄의 순간을 자신도 모르게 다시 맞이하게 될 것입니다. 곳곳에서 더 많은 신비를 발견하고 경외감을 느끼게 될 것입니다. 돈을 거의 들이지 않고도 삶이 넉넉해질 수 있다는 걸 알게 될 것입니다.

이렇듯 숲의 외적 특성과 접촉하는 것만으로도 우리는 다양한 유익을 얻을 수 있습니다. 하지만 그것은 앞서 비유한 빙산의 일각에 불과합니다. 사람들은 소중한 다른 무엇이 숲에 가득하다는 점을 간과합니다. 그들 대부분이 **저 푸른 숲에서 아직 보지도, 듣지도, 만나지도 못한 것**이 있습니다. 오만한 우리를 겸손하게 하고, 주저앉은 우리를 일어서게 하며, 무언가에 얽매인 우리를 한층 더 자유롭게 만드는 장엄한 세계가 바로 숲에 있습니다. 저는 그것을 **숲의 내면, 침묵하는 숲의 말**이라고 부릅니다.

20년 가까이 숲의 내면을 더듬어온 제가 느릿느릿 숲을 거닐 때는 숲의 침묵을 듣는 시간입니다. 이제 저는 숲이 보여주는 하루하루와 계절들, 그리고 한 해 두 해의 변화가 하늘이 저와 당신을 포함한 '생명 이웃'에게 끊임없이 보내는 멈춤 없는 편지임을 알게 되었습니다.

그토록 고운 편지지는 또 없을 겁니다. 어떤 날은 순백, 어떤 날은 연분홍, 어떤 날은 회색 바탕에 노랑과 연초록, 어떤 날은 알록달록, 단 하루도 같은 편지지였던 적이 없습니다. 그토록 향기로운 편지지는 또 없을 겁니다. 말과 글로 그 향기를 표현하는 것은 불가능에 가깝습니다. 어떤 날에는 비에 젖은 편지를 읽게 됩니다. 몹시 큰 바람에 흔들리는 편지지를 간신히 붙들고 읽는 날도 있고, 눈에 파묻혀 잘 보이지도 않는 메시지를 더듬더듬 매만지며 읽는 날도 있습니다. 그럼에도 편지는 모든 날 중단없이 저에게 당도합니다.

하늘이 숲을 통해 보내는 편지에는 늘 안부가 담겨 있습니다. 소설小雪쯤 나무들은 그동안 뽑아 올렸던 잎을 낙엽으로 다 비워냅니다. 그러고는 나무들이 우리에게 묻습니다. '너는 멈추어야 할 때를 아느냐?, 이제 삶으로 찾아올 겨울을 맞이할 준비는 다 마쳤느냐?' 입춘 무렵의 안부는 부드러워지는 햇살과 바람, 흙을 통해 도착합니다. '묵은 먼지를 털고 이제 일어서야 하지 않겠니?' 올괴불나무에 꽃이 피고 생강나무, 진달래, 산벚꽃, 바위말발도리, 병꽃나무에 차례로 꽃이 피면서 또 묻습니다. '너도 사랑이 그립지? 너는 언제 꽃 필 작정이냐?'

숲이 전하는 편지에는 우리가 삶에 대해 품게 되는 근본적인 질문들에 관한 답장도 담겨 있습니다. 삶은 무엇이고, 어떻게 살아야 하는지. 우리는 어디서 왔고, 또 어디로 가는 것인지. 삶은 왜 이다지도 자주 고달픈 건지. 도대체 왜 상처를 받는 것이고 아픔은 어떻게 다뤄야 하는 것인지. 감당하기 어려운 시련은 왜 자꾸 닥치는 건지. 우열의 양극으로 나뉘어가는 이 세계가 정말 최선인 건지. 평등과 평화를 꿈꾸는 인간의 희망은 정녕 허망한 것인지. 세상은 점점 나아지고 있으리라는 바람을 여전히 가져도 될지….

숲이 전하는 편지에는 살아 있고, 살아야 하며, 그래서 겪어야 하는 인간 삶에 관한 다양한 지혜가 담겨 있습니다. 그 위로와 울림 또한 숲처럼 깊습니다. 그 편지를 읽는 일은 제게 더없이 기쁘고 벅찬 일입니다. 당신이 저 푸른 숲에서 아직은 만나지 못했을 이 기쁨을 당신도 느끼게 해드리고 싶었습니다. 그 곱고 향기로운 편지를 당신과도 함께 읽고 싶었습니다. 제가 이 책을 쓰게 된 이유입니다. 저는 이 책을 통해 당신이 저 숲에서 아직 보지 못한 것들을 볼 수 있도록 돕고 싶습니다. 하늘이 숲을 통해 날마다 우리에게 보내고 있는 사랑과 지혜를 당신과 함께 누리고 싶습니다.

그러기 위해 특별히 알아야 할 지식은 딱히 없습니다. 숲을 압축하고 있는 다양한 명사, 풀과 나무의 이름이나 용도 따위는 몰라도 됩니다. 이 책은 숲의 말을 생명 근원의 언어로 풀어냄으로써, 숲의 생명들과 우리가 공유하고 있는 동사를 중심으로 숲을 만나게 합니다. 그러면 우리의 욕망과 분투와 상처와 삶이 그들의 그것과 근본적으로 같은 원리의 작동 아래에서 대등하게 마주하게 된다는 것을 깨닫게 됩니다. 그들로부터 삶을 감당하고 사랑할 힘과 지혜를 얻게 될 것입니다.

책의 앞부분은 숲의 내면으로 들어가 우리 삶을 마주하기 위한 시각의 교정과 확장에 할애했습니다. 먼저 '숲을 만나면 삶을 사랑할 수 있게 될 것'이라는 이야기로 시작합니다. 이 이야기는 '숲 인문학'의 시작을 알리는 초대장입니다. 이어 숲의 말을 듣는 방법과, 숲의 말을 듣게 되면 만나게 될 삶의 새로운 차원과 풍경을 살필 것입니다. 이를 위해 우리는 기존의 시선을 의심하고 새롭게 보려는 눈을 떠야 합니다. 먼저 우리가 지금 어떤 수준의 시선에 머물러 있는지 점검하고, 생명과 삶을 다르게 이해하기 위한 대안적 시선과 공부 방법을 제시할 것입니다. 공부의 참된 목적이 무엇인지, 공부를 통해 얻어야 할 것은 무엇인지도 함께 살필 것입니다. 아울러 공부에 사용하는 채널이 머리만이 아니라는 점을 분명히 합니다. 굳어진 감성을 되살릴 가슴, 삶과 뒹굴며 통찰을 길어 올리는 온몸, 그리고 이성에 갇힌 지식의 세계 너머와 연결할 영적 채널, 이 모두를 조화롭게 활용할 때 우리는 숲이 전하는 지혜에 진정 다가갈 수 있습니다.

다음으로 생명과 그 삶을 지배하는 근본 원리 몇 가지를 살펴봅니다. 숲의 생명은 모두 자기를 완결할 독자적 역량을 지닌 존재입니다. 하지만 동시에 제약 속에 놓인 존재이기도 합니다. 생명은 독자적이면서도, 결코 독자적일 수 없습니다. 우리 인간도 마찬가지입니다. 이는 모든 생명이 거대한 로고스, 만물을 관통하는 질서 속에 놓여 있기 때문입니다. 이 법칙을 살피기 위해 서양에서 발원한 생태학과 동아시아의 위대한 통찰을 함께 들여다볼 것입니다. 여기까지 읽으면 당신은 모든 생명에게 풀어야 할 숙제가 있다는 사실에 동의하게 될 것입니다. 그리고 당신 자신의 삶에는 어떤 숙제가 주어졌는지를 생각하게 될 것입니다.

뒤이어 자연을 관통하는 기회와 제약의 견고한 질서 위에서 숲의 생명이 어떻게 꽃을 피우고 열매를 맺는지, 풀과 나무, 새가 저마다 어떤 창의적인 모험을 펼치며 소중한 삶의 서사를 완성해가는지 살펴봅니다. 특히 정해진 서식지 안에서 살아가야 하는 생명들에게 봄과 여름이라는 계절이 어떻게 작용하는지, 봄꽃과 여름꽃은 그 기회와 위협을 어떻게 활용하며 꽃을 피워내는지를 다룹니다.

이렇게 새로운 시선으로 만난 숲을 나오며 우리는 다시 자신의 삶과 만나게 됩니다. 우리가 함께 만난 숲으로부터 얻은 가장 근본적인 지혜를 갈무리하며 숲 산책은 마무리될 것입니다. 당신의 눈시울이 뜨거워지고, 당신의 영혼이 더 맑아지기를, 삶을 사랑할 더없이 따뜻한 마음이 가만히 차오르기를 기대합니다.

숲으로의 걸음을 떼기에 앞서 이 책이 출간될 수 있도록 도움을 주신 모든 분께 감사의 마음을 전합니다. 특히 이 책의 밑글을 연재하도록 격려와 관심을 아끼지 않은 《한겨레》 조현 기자님, 물심양면으로 지원을 아끼지 않은 대우재단과 대우꿈동산에 깊이 감사합니다. 오랫동안 함께 공부한 '여우숲 인문학 공부 공동체'와 '깊은 삶 연구회' 구성원들께도 감사합니다.

1부

숲에게 길을 묻다

1장

삶을 사랑하게 하는
숲으로의 초대

삶과 관계에서 감탄과 신비가 희미해졌다면,
사랑의 말들이 메말라버렸다면, 숲으로 오세요.
그 무엇으로부터도 도망치지 않고
기어코 환하게 피어나는 풀꽃과 나무들의 말을 들어보세요.

숲을 터전으로 살아온 세월이 어느새 20여 년입니다. 모험하는 삶이라면 당연히 마주해야 할 것들을 차곡차곡 쌓아온 시간이었습니다. 설레는 날이 많았고 더러는 서러운 날도 있었습니다. 인간도 숲을 이루는 존재들과 같아서 그럴 것입니다. 어두운 땅을 뚫고 일어서는 새싹처럼 돋아나고 싶은 것들은 돋아났고, 세찬 바람을 견디지 못한 나뭇가지처럼 부러져야 할 것들은 부러지고 말았습니다. 떠나야 할 것들은 변명을 놓아두거나 변명도 없이 떠나갔고, 다가와야 할 것들은 새로이 혹은 다시 다가오는 시간이었습니다.

높바람처럼 사나웠던 저는 숲과 함께한 세월을 거치며

가을 하늘의 구름처럼 순해졌습니다. 그리고 저의 삶도 마침내 가을 앞마당에 섰습니다. 가을은 농익을 대로 농익는 때며 풍요와 평화가 찾아오는 계절입니다. 하지만 굴곡 없이 찾아오는 계절이 어디 있던가요. 봄날에 돋운 잎은 눈부신 꽃을 피워내고 재빨리 열매를 맺지만 가뭄과 폭우, 태풍의 고비들이 철 따라 어김없이 찾아옵니다. 겪어내야 할 것들 다 겪으며 겨우 붙들어낸 것들만이 농익을 수 있습니다. 이것이 숲에 기대어 얻은 삶의 진실 가운데 하나입니다. 온갖 풍상을 견디고 나서야 비로소 평화의 시간이 찾아온다는 것. 확산은 다시 수렴으로 귀결한다는 것. 어쩌면 생을 관통하는 모든 원리는 이토록 단순한 것인지도 모릅니다.

가을에 이르면 물들어야 하는 자리는 모두 제 빛깔로 물들고, 가라앉아야 할 것들은 항복하듯 가라앉습니다. 드러나야 할 것들도 소리 없이 드러납니다. 가을은 가장 저다운 모습이 부끄러움 없이 드러나는 평화의 시간입니다. 숲을 닮은 평화에 이르기에는 하염없이 멀지만 제 삶에도 소박한 가을이 찾아왔습니다. 삶의 새로운 계절을 맞으며 이렇게 되뇌었습니다. '숲으로 떠나오길 잘했다, 참 좋다.'

저는 삶이 막 가을로 들어서는 때에 당신을 숲으로 초대하고 싶어졌습니다. 고개만 돌리면 도처가 산이고 숲인데 "너 사는 숲은 무엇이 다르냐? 어째서 평화의 숲이냐?"고 당신은 캐묻고 싶을지도 모르겠습니다. 제가 사는 숲이라고 달리 특별할 건 없습니다. 하지만 저와 함께 걷게 될 숲은 당신이 일생동안 한 번도 마주한 적 없는 숲일 것입니다.

이 숲에서 우리는 숲이 머금고 있는 **침묵**의 말을 들을 수 있습니다. 침묵이 건네는 말은 그 어느 말보다 깊고 진실합니다. 지친 삶을 위로하거나 흔들리는 삶을 다잡게 하고, 깨지고 무너진 삶을 다시 일으켜 세우는 힘이 있습니다. 침묵은 우리가 들어야 할 가장 귀한 말입니다.

마음을 열어 저의 초대를 받아들인다면, 저는 당신과 함께 나란히 숲을 걷고 싶습니다. 늘 익숙한 것들이라고 생각한 흙과 풀, 나무, 바람, 구름, 비, 눈, 햇살이 얼마나 새롭고 신비로운 것들인지 알려주고 싶습니다. 저는 당신을 가만히 유혹합니다. "우리 함께 걸을까요?"

함께 걷기에 앞서 저는 궁금합니다. 당신이 얼마나 숲의 말을 잘 알아들을 수 있는지, 그리고 어떤 마음을 지키고 사는지. 당신의 일상이 마주하는 그 많은 신비를 당신의 가슴은 잘 포착하나요? 또 당신의 하루는 얼마나 많은 감탄으로 채워지고 있나요? 어린 시절에는 누구에게나 들렸던 말이 자연의 속삭임이었고, 그 속에서 순간순간 넘쳐났던 것이 감탄 아니었던가요?

감탄을 잃었다면, 그리고 더는 신비를 발견하기 어렵게

되었다면, 그 삶은 메말라가고 있는 게 틀림없습니다. 아무리 많은 돈을 모았고, 빛나는 외양과 화려한 명함을 가졌더라도 그 삶은 시들고 있는 것입니다. 세상에 떠밀려 견디듯 하루하루를 사는 지금과 달리, 한때는 넘쳐흘렀던 신비와 감탄이 이제는 아득하다면, 잠시 마음을 내어 숲으로의 초대장을 가만히 열어보시기 바랍니다.

숲 앞에 서면 무엇이 들리나요? 저의 귓속은 생명의 노래로 가득 찹니다. 욕망하는 생명들, 그래서 서로 부딪히고 뒤엉키며 살아야 하는 그들. 그들이 빚어내는 **살아 있음의 박자와 리듬**이 한가득 들려옵니다. 숲에 들어서면 당신에겐 무엇이 느껴지나요? 저의 몸뚱이는 숲의 가장 낮은 바닥으로부터 하늘을 향해 솟구친 나무의 우듬지까지, 아니 우듬지 너머의 탁 트인 하늘에 이르기까지 촘촘하게 채워진 신비를 포착합니다.

감히 표현하건대 저는 숲에서 날마다 '신의 입김'을 느낍니다. 무거운 땅을 이겨내고 돋아나는 여린 새싹, 그 새싹을 탐하여 꼬물꼬물 뜯어먹는 애벌레의 움직임. 그리고 그 긴장 관계를 넘어서며 아무 일도 없었다는 듯 마침내 피어나는 아리따운 꽃들. 저는 이 모든 장면에서 신의 임재를 목격합니다. 이파리를 갉아먹던 애벌레가 나비로 다시 찾아와 상처를 견디고 피어난 꽃 속으로 파고드는 모습에서, 그리하여 꽃에게 열매로 가는 길을 선물로 안기며 꿀 한 모금 얻어 가는 전환적 화해의 신비 속에서, 저는 신의 숨결을 마주합니다. 그러므로 저는 저 깊은 가르침을 더할 나위 없이 순한 귀로 가만가만 듣게 됩니다.

무자천서無字天書

옛사람들은 숲을 하늘이 지은 글자 없는 책이라고도 했습니다. 너무도 정확하고 놀라운 표현입니다. 눈 밝은 사람에게 숲은 깊이 있는 경전입니다. 숲을 이루는 모든 존재는 사시사철 우리에게 말을 건네고 있습니다. 숲은 원형이정元亨利貞, 생장수장生長收藏, 춘하추동春夏秋冬의 리듬을 따라 하늘과 땅이 함께 빚어내는 아름다움을 날마다 보여주고 있습니다. 우주는 리듬이요, 삶 역시 그 리듬 위에 있어야 하는 것임을 여실히 보여주는 곳이 숲입니다. 우리가 왜 태어났고 무엇을 위해 살며 어디로 가는지, 이 질문에 대한 답을 넌지시 건네고 있는 공간이 바로 숲입니다. 숲의 하루하루와 긴 역사 속에는 우리 삶의 모든 장면이 들어 있습니다. 태어나고 자라고 무언가를 이루고 죽기까지, 한사코 만나게 되어 있는 우리 인간

실존의 거의 모든 문제에 대한 해답이 전사되어 있습니다. 숲이 또 하나의 경전인 이유가 여기 있습니다.

숲에 사는 나무들이 저마다 상처를 안고 살아가는 모습을 보며 저는 '삶과 상처'를 생각합니다. 바람보다 먼저 눕되, 다시 태양을 향해 꼿꼿이 일어서는 풀을 바라보며 '삶과 역경'의 의미를 되새깁니다. 숲의 가장 낮은 자리에서 누구보다 부드럽고 싱그럽게 빛나는 이끼 앞에서는 우열의 이분법을 내려놓게 됩니다. 생명 있는 것들과 없는 것들이 사방으로 서로를 연결하며 짜낸 생명의 그물망을 바라보며 관계의 역동과 아름다움을 헤아립니다. 그 위로 흐르는 순환과 윤회, 그리하여 시간이 흐를수록 더욱 깊고 그윽해지는 화엄의 숲 앞에서 우리 인간 공동체의 길을 다시 묻게 됩니다. 이것을 저는 **숲 인문학**이라 부릅니다. 요컨대 제가 말하는 숲 인문학은 숲을 거울 삼아 인간 실존의 문제를 들여다보고, 인간 공동체가 나아갈 방향을 탐구해가는 공부입니다.

이 책을 통해 안내할 무자천서로서의 숲 인문학을 한 문장으로 요약하자면, '숲을 만나다, 삶을 사랑하다' 정도가 될 것입니다. 십여 년 넘게 숲과 함께 산 뒤부터 제 대중 강연의 주제는 하나의 지점으로 수렴되기 시작했습니다. 그것은 이렇게 요약됩니다. '숲을 만나는 일은 잃어버린 나를 되찾는 일이자, 그것을 넘어 마침내 자신과 타자를 사랑할 힘을 되

찾는 것이다.'

고백하자면, 그렇게 된 첫 번째 사람은 바로 저였습니다. 숲의 가르침을 통해 무늬만 인간이었던 저는 '진짜 인간'으로 다시 태어날 수 있었습니다. 그것은 마치 매미가 알과 애벌레, 번데기의 허물을 차례로 벗어내며 마침내 자신을 이루어내는 극적인 전환 같기도 했습니다. 저는 우선 자신의 삶과 불화했던 모든 지점을 받아들이고 화해할 수 있었습니다. 아울러 저 자신을 존중하고, 나 아닌 존재들을 깊이 받들 수 있게 되었습니다. 은연중에 세계를 이해나 우열, 호오, 가부의 대상으로 바라보고 있었던 관점이 속절없이 허물어지기 시작했습니다. 숲은 오랫동안 제 안에 장착되어 있던 그 이분법적 세계관을 비가 먼지를 닦아내듯 말끔하게 지워주었습니다. 맞닥뜨린 가난 속에서도, 무시로 찾아오는 다채로운 곤경 속에서도, 저는 저의 삶으로부터 떠나지 않게 되었습니다. 도망치지 않고 모든 날을 사랑하게 되었습니다.

높고 낮은 땅이 있고 크고 작은 나무와 풀이 있습니다. 또한 마음껏 햇살을 받는 나무도 있고 빛 한 조각 받기도 어려운 풀도 있습니다. 그럼에도 숲 안에서는 모든 생명이 대등하고 존엄한 존재로 서로 연결되어 있습니다. 그들은 하늘이 품부해둔 제 꽃을 피움으로써 환하게 빛나는 세계를 더불어 창조합니다. 저 먼 곳으로부터 온 이 소식을 알아채면서부터 저는 스스로를 온전히 바라보게 되었고, 더 깊이 사랑할 수 있게 되었습니다.

사랑은 빛과 같아서 사방을 향해 자꾸 뻗어나가려 합니다. 그러니 자신을 온전히 사랑하는 이는 타자를 사랑하지 않을 수 없습니다. 저와 함께 긴 호흡으로 공부하며 때때로 숲의 심부를 만났던 이들이 고백합니다. 화해하지 못할 것 같았던 자신의 과거를 따뜻이 품게 되었다고, 미워하는 마음 탓에 함께 지내는 것이 고역이었던 사람을 마침내 받아들일 수 있게 되었다고. 아버지가 집을 떠나버려서 엄마와 동생만 함께 살고 있다는 어느 아이는 나무와 풀들이 극복해내는 고난과 역경을 알아보더니 이렇게 썼습니다. "저도 해낼 거예요. 나무와 풀처럼." 조현병이 있는 어느 청년은 숲이 보여주는 신비가 자꾸 자기를 숲으로 부른다고 표현했습니다. 숲이라는 이름의 글자 없는 책을 뜨문뜨문 읽기 시작하면서부터 이들은 모두 잃어가던 생명성을 되찾는 것이 치유와 회복, 그리고 전환의 출발점이라는 것을 알아챘습니다.

이제 산책에 나설 시간입니다. 길을 나서기에 앞서 정중한 부탁이 하나 있습니다. 다음을 기억하며 숲을 걷자는 것입니다. 우리가 도착하고 싶은 장소는 "숲에서 '힐링'하고 왔어요" 차원의 숲이 아닙니다. "이건 이름이 뭐예요?" 차원의 숲도 아닙니다. 지금부터 **숲을 만나는 일**은 잃어버린 생명성과 자기 자신을 사랑할 힘을 회복하고, 마침내 이웃과 세상을 사랑할 힘까지 되찾는 과정이 될 것입니다. 이 점을 기억해주시면 고맙겠습니다.

'숲을 만나다, 삶을 사랑하다.' 이 문장을 당신과 함께 걸으며 만나게 해주고 싶습니다. 당신이 진정 숲의 말을 듣게 된다면 틀림없이 자신의 삶을 사랑하게 될 것입니다. 자신을 사랑할 수 있는 자만이 타자를 사랑할 수 있습니다. 틀림없는 진실입니다. 그러니 숲의 노래를 제대로 들을 수 있게 된다면 당신은 자신 아닌 존재를 사랑하는 기쁨마저 누리게 될 것입니다. 어떠세요? 우리의 산책이 설레지 않으시나요?

다만 지혜와 사랑의 숲을 깊은 곳까지 산책하기 위해서는 약간의 준비 과정이 필요합니다. 자기 삶과 화해하고, 삶을 사랑하게 하는 숲을 만나기 위해서는 새로운 시선이 필요합니다. 그리고 그동안 머리에 의존함으로써 굳고 차가워진 가슴이라는 인식의 채널을 다시 부드럽게 덥히고 개방해야 합니다.

2장

숲의 언어

숲이 우리에게 전하는 말은
'저 풀이 아무것도 아니라면 나 역시 아무것도 아님'을
돌연 각성할 때 들려올 것입니다.

가을은 하늘을 느긋이 바라보기에 더없이 좋은 계절입니다. 혹여 잊고 지냈다면 눈을 들어 더 자주 하늘을 볼 일입니다. 하늘은 홀로 있지 않고 땅으로 닿아 있어 우리의 시선도 하늘에 이어 자연스레 땅을 더듬게 됩니다. 가을 하늘과 땅이 서로 만나 빚어내는 풍경은 그 어느 때보다 아름답습니다. 하늘은 그윽하게 파랗고, 이따금 떠 있는 구름은 느리고도 성급니다. 이 시절의 일출과 일몰은 다른 어느 때보다 장엄하고 숙연합니다. 말없이 노을을 바라보는 것만으로도 저절로 겸손해집니다. 먼 산은 불그스레 물들고, 그리 멀지 않은 숲은 선명한 색의 대비를 통해 또 다른 신비를 드러냅니다. 가을

이 오면 한여름 녹음이 뭉개버렸던 나무마다의 경계가 차츰 눈에 들어옵니다. 마치 브로콜리가 산으로 옮겨간 듯 몽글몽글한 모습으로, '나 한여름 잘 살아냈소!'라고 외치는 듯이 드러납니다. 낙엽이 뒹굴기 시작하고, 땅에 붙박은 채 헐거워져 가는 나무들과 속절없이 사위어가는 풀들은 봄부터 이룬 노고의 증거처럼 열매들을 붙들고 있습니다. 철새들은 대부분 회귀했고 이제 텃새들이 분주해집니다. 하늘과 땅이 연주하는 계절의 리듬 위에서 생명들은 어김없이 때에 알맞은 모습으로 변화합니다. 마치 그 리듬에 맞춰 지치지 않는 춤을 추듯이. 자연은 단 한 번도 박자를 놓친 적이 없습니다.

숲의 말을 듣는 법을 전해주겠다면서 왜 먼저 하늘과 땅의 이야기를 꺼내는 걸까요? 숲을 이루는 생명을 더 온전히 이해하려면 하늘과 땅이 그려내는 무늬를 함께 읽어야 하기 때문입니다. 어느 풀도, 어느 나무도, 아무 곳에서나, 또 아무렇게나 태어나고 살아가지 못하기 때문입니다. 모두는 하늘과 땅이 빚어내는 무늬 속에서 반드시 알맞은 땅을 찾아 태어나고 자라게 되어 있습니다. 생태학에서는 이를 서식지habitat라는 개념으로 표현합니다. 생명은 모두 자신만의 서식지에서 그곳을 이루는 다양한 환경 조건과 상호작용하면서 제 삶의 무늬를 그려갑니다.* 이를 더 쉽게 이해하기 위해 남과 북을 횡으로 가르며 동과 서로 뻗은 산의 모양을 상상해보겠습니다. 하늘과의 관계에 있어 능선의 북쪽 땅은 그 반대쪽인 남쪽 땅과 확연히 다릅니다. 북사면은 일조량이 상대적으로 적고 온도도 더 낮은 편입니다. 양쪽의 여건에 모두 적응한 종이야 남북을 가리지 않고 살아갈 수 있지만, 빛의 양이 절실하도록 태어나는 생명은 주로 남사면의 땅에서만 살아갑니다. 이번엔 산의 능선과 계곡이 그리는 무늬를 떠올려볼까요? 능선부는 빛이 풍부한 편이지만, 계곡부는 상대적으로 일조량이 적습니다. 대신 능선부로부터 유기물이 꾸준히 흘러내렸기 때문에 계곡부는 상대적으로 비옥하고 수분도 넉넉한 편입니다. 반대로 능선부는 더 척박하고 수분도 부족합니다. 따라서 물이 중요한 버드나무는 계곡 쪽에서, 빛이 절실한 소나무는 주로 능선 쪽에서 만날 수 있습니다.

생명은 홀로이되 홀로일 수 없습니다. 그 어떠한 생명도 제 홀로 삶의 무늬를 그려갈 수는 없습니다. 따라서 숲의 생명들로부터 삶의 신비를 체감하고 지혜를 얻고자 한다면, 우리는 반드시 '낱생명'으로 바라보는 시선을 '온생명'의 스케일로 확장해야 합니다.** 하지만 근대 이후 우리가 숲을 바라보

---

* 옛날에는 하늘이 그리는 무늬를 천문天文, 땅이 그리는 무늬를 지문地文이라 불렀습니다. 무늬의 개념으로 인문학에 접근하기도 하는데, 이 경우 인문人文을 '사람이 그리는 무늬'로 파악합니다.
** '낱생명'과 '온생명'이라는 아름답고 탁월한 말은 장회익 선생이 처음 사용했습니다. 장회익, 《삶과 온생명》, 현암사, 2014.

는 시선은 지나치게 단편적이고 협소해졌습니다. 오늘날 대부분의 사람들이 숲을 바라보는 관점은 대체로 다음과 같습니다(당신은 주로 어떤 눈으로 숲을 보고 계신가요?). '얘는 이름이 뭐지?' '얘는 나물로 먹나?' '어디에 유용하고 이로울까?' '좋은 거라면 떼로 재배해서 돈 좀 벌 수 있을까?' 또는 그나마 제가 다행스럽다고 여기는 관점인, '와, 예쁘다!' 탄성을 내뱉는 심미적 시선이 있습니다. 그리고 오늘날 대유행에 가까운 관점인, '숲에는 피톤치드가 많아서 좋아. 오늘도 힐링했어' 정도가 있습니다.

모두 지극히 자연스러운 시선이지만 우리의 시선이 이 안에만 머문다면 그건 너무 아쉬운 일입니다. 왜냐하면 여기에는 더 깊고 유의미한 하나의 시선이 빠져 있기 때문입니다. 바로 숲을 친근한 스승처럼, 또는 곁에 두고 언제든 펼쳐 읽을 수 있는 경전처럼 만나보려는 시선 말입니다.

유년 시절부터 불혹의 나이가 되기까지 주변에 널린 게 풀이고 나무였지만 저 역시 그들과 깊이 연결되어 있다는 자각은 없었습니다. 그것들은 죄다 토끼와 돼지, 염소 등의 먹이에 불과했습니다. 학창 시절에 숲은 가끔 미술 수업 시간에 풍경화를 그릴 대상이었고, 더러 어머니가 좋아하는 싸리버섯이나 송이버섯, 솔버섯을 따러 갔던 공간일 뿐이었습니다. 서울에서 직장인으로 살던 시절에도 북한산, 도봉산, 수락산,

관악산, 인왕산 등 곁에 늘 숲이 있었지만, 그 역시 뻗친 스트레스를 다스리기 위해 주말마다 오르내리던 공간에 지나지 않았습니다.

숲에 사는 모든 생명이 저마다의 무늬를 그려가고 있다는 사실에 대한 자각은 소박한 계기로 찾아왔습니다. 등산을 하던 어느 날, 수락산 정상 부근에서 소나무 한 그루가 바위를 뚫고 살아가는 모습을 우연히 발견했습니다. 이 발견은 늘 있었던 풍경이 갑자기 제게로 걸어와 말을 건, 한없이 단순하지만 하나의 거대한 사건이 되었습니다. 가난한 산골 마을에서 태어나 욕망하는 것을 다 추구해볼 수 없었던 저는 은근히 억울했습니다. 그런데 그날 소나무가 저를 향해 이렇게 말하는 것 같았습니다. '나는 흙도 없고 물도 제대로 없는 여기서 이렇게 살아. 바위를 뚫고 산다고. 해마다 꽃을 피우고, 열매를 맺으면서 마음껏 햇살을 누리면서.'

이 느닷없는 계기가 시작이었습니다. 저는 저 불가능할 것 같은 삶이 어떻게 가능한지 알고 싶었습니다. 그래서 숲을 공부하기 시작했습니다. 처음엔 홀로 숲에 관한 책을 닥치는 대로 읽었고, 몇 해 뒤에는 스승을 찾아 나섰습니다. 그러면서 어느 순간부터는 생명에게 직접 묻기 시작했습니다. 높은 집중과 맑은 침묵 속에서 생명에 대한 깊은 연민을 품고 묻고 또 물었습니다. 제가 다른 이들보다 숲의 말을 더 깊고 넓게 들을 수 있게 된 비결은 바로 이 공부 방법에 있습니다. 저는 저마다 각자 다른 꼴로 사는 생명들의 사연에 대해 끝없이 묻고 다녔습니다.

너는 왜 저기가 아닌 여기에 있느냐? 어쩌자고 봄날의 따사로움을 저버리고 서리를 맞으며 피어나느냐? 눈 속에서 부처처럼 가부좌를 틀고 꽃을 피우는 너의 삶에는 도대체 어떤 사정이 있는 것이냐? 너는 왜 한쪽으로만 꽃을 피우느냐? 왜 속을 비운 그 가냘픈 줄기로 위태롭게 서서 삶을 지탱하고 있는 것이냐? 숲의 가장 높은 자리를 차지해야만 하는 네 특별한 사정은 무엇이냐? 반대로 왜 그렇게 세상 가장 낮은 자리에서 땅을 이불 삼은 빈대처럼 붙어사느냐? 어떤 이들은 드문드문 떨어져 살면서 피고 지는데, 너희들은 왜 꼭 떼로 살며 함께 피고 함께 지느냐? 왜 다른 이들과 달리 홀라당 잎을 지우고 겨울을 나느냐? 어쩌다가 날카로운 가시로 온몸을 둘렀고, 또 무슨 사연으로 한 장의 잎만으로도 나를 독살할 수 있는 독을 품게 되었느냐? 너는 왜 눕듯이 살고, 이파리는 왜 그토록 짧은 것이냐? 잎이 그토록 넓고 큰 이유는 무엇이냐? 다른 나무들의 줄기 색깔과 달리 너의 줄기는 왜 초록색이냐?

너의 꽃은 무엇 때문에 그리 오랜 시간 피고 지고, 또 피고 지는 것이냐? 꽃이나 열매가 왜 그토록 붉어야 하느냐? 너의 꽃은 왜 하늘이 아닌 땅을 바라보며 피는 것이냐? 왜 잎도 없이 꽃을 먼저 피우고 그런 다음에라야 잎을 틔우는 것이냐? 잘려도, 뜯겨도, 꺾여도 다시 솟구쳐 오르는 그 눈물겨운 힘은 도대체 어디에서 오는 것이냐?

저는 다른 것도 묻기 시작했습니다. 땅에 붙박아 움직일 수도 없는 처지에서 천지 사방 자신과 자신의 하늘을 넘보는 다른 생명과는 어떻게 그토록 평화롭게 지낼 수 있는 것인지. 그러다가 더 깊은 질문을 던지기 시작했습니다. 저는 조급하지도, 서두르지도 않았습니다. 느릿느릿 걸었고 가만가만 물었습니다. 마음속으로 묻는 것이니 들을 사람도 없고 부끄러울 필요도 없었습니다. 산다는 것은 무엇인지, 살아서 무엇을 하겠다는 것인지, 너와 나는 도대체 어디로 가는 것인지. 대답은 순서도, 예고도 없이 돌아왔습니다. 즉시 답이 돌아오기도 했고, 여태 그 답을 주지 않은 존재도 있습니다.

무자천서인 숲의 말을 하나씩 알아듣게 되면서 저의 삶은 바뀌기 시작했습니다. 살면서 누군가로부터 입은, 또는 저 스스로 할퀸 상처가 아직 아물지 않아 그 화끈거리는 자리를 바라보기가 늘 버거웠는데, 차츰 아무런 판단 없이 보기 시작했습니다. 만날 것들이 만났고, 부딪힐 것들이 부딪혔던 자리였음을 알게 되었습니다. 드디어 저 자신에 대한 미움과 자기학대를 거두고, 틈만 나면 저를 가두었던 지난날의 상처를 메울 수 있었습니다. 또한 삶의 풍요와 자유는 '목표의 성취'가 아니라 **살아가는 그 자체, 과정** 속에 놓여 있다는 것을 알아차리게 되었습니다. 무엇이든 올 것은 오게 하고, 갈 것은 가게 할 힘이 생겨나기 시작했습니다. 더 너른 지평 위에서 책임 있는 참여자이자, 때로는 관찰자로서 제 삶을 대하게 되었습니다. 이윽고 숲을 통해 점점 더 삶을 사랑하게 되었습니다.

요컨대 삶을 사랑하게 하는 숲의 말을 듣는 법은 맑은 침묵 속에서 연민의 마음으로 생명에게 조용히 묻는 것입니다. 그렇게 묻는다면 어느 날, 문득 그 대답이 들리기 시작할 것입니다. 여기에 의문이 있다면 아르투어 쇼펜하우어Arthur Schopenhauer의 말을 참고해보는 것도 좋겠습니다. 그는 이렇게 말합니다. "자연이 우리의 질문에 대답하지 않는 것은 질문 자체가 틀렸거나, 질문의 근거인 전제가 잘못되었거나, 심지어 질문에 모순이 숨어 있기 때문이 아닐까? 그것 말고 다른 이유가 있을까?"* 근대 이후 도구적 이성**을 중심으로 구축된 이 세계 속에서 '생명에게 직접 묻는다'는 이 방법론은 낯설게 느껴질지도 모르겠습니다.

만약 그렇다면, '사람이 온다는 건 어마어마한 일'이라고 선언하고 있는 정현종의 시 〈방문객〉을 자세히 읽어보면 좋겠습니다. 정현종 시인은 우리에게 요청합니다. 당신 앞에 누군가 방문객으로 당도하거든 그를 환대하라고. 그를 환대해야 하는 이유는 그의 온 생이 걸어와 지금 내 앞에 섰기 때문이라고 말합니다. 그것은 그가 자신에게 유익한 인간인지 무익하거나 해로운 인간인지를 분별하는 오늘날의 관계 방식을 거두라는 요청이기도 합니다. 지금 우리가 마주한 한 사람, 그의 단면 너머에는 어마어마한 이야기가 담겨 있습니다. 그 사람의 모든 날이, 과거와 현재와 심지어 미래까지 함께 걸어와 나와 마주한 것입니다.

시인은 말합니다. 그런 그를 환대하려면 우리의 마음이 바람을 흉내 낼 수 있어야 한다고. 왜 하필 바람을 흉내 내라

---

* 마크 쿨란스키, 안기순 옮김, 《언어의 시간》, 디플롯 2023에서 재인용했습니다.
** 막스 호르크하이머, 박구용 옮김, 《도구적 이성 비판》, 문예출판사, 2006.

고 했을까요? 아마 바람만은 그의 전부를 알고 있기 때문일 것입니다. 부서지기 쉬운 인간으로서 그가 어디쯤에서 넘어졌고, 어디쯤에서 삶의 깊은 웅덩이를 파게 되었는지. 하늘과 땅 사이를 채우고 있는 바람만은 다 보았을 것입니다. 바람은 어떤 장면에서도 그를 평가하거나 판단하지 않았을 것입니다. 오히려 단 한순간도 그를 떠나지 않고 머물며 그의 숨이 되어주었을 것입니다. 그러니 바람은 그의 아름다우면서도 눈물겨운 그의 날들을 다 알 것입니다. 어떤가요? 시인이 권하듯 우리도 바람을 흉내 내어 나 아닌 존재를 마주한다면 틀림없이 환대가 되겠지요?

숲의 말을 듣는 법 역시 마찬가지입니다. 우리의 시선이 풀 한 포기, 나무 한 그루가 품고 있는 삶의 이야기를 함께 읽을 수 있어야 합니다. 그 존재가 품고 있는 절박함을 가늠하고, 도저히 견디지 못하는 것이 무엇인지를 가만히 헤아리며 마주해야 합니다. 하지만 우리는 지금 너무도 이분법적인 사고와 인식에 익숙해져 있습니다. 우열, 선악, 미추, 피아, 성패 등. 그렇게 사물과 생명, 그리고 우리의 삶을 단순하게 바라보려는 시선이 만연합니다. 단면 중심으로 세계를 파악하는 이 고질적인 습관을 거둘 때에 비로소 숲의 그윽한 말이 들려오기 시작합니다.

우리가 듣고자 하는 숲의 말은 하늘과 땅이 짓는 무늬 안에서 생명이 살아가고 있다는 사실을 깨달을 때 더 온전하게 들려올 것입니다. 생명 각각은 저마다의 리듬을 가다듬어 천지가 빚어내는 더 큰 리듬에 화답하고 있습니다. 모든 존재의 삶은 천지의 리듬 위에서 생겨나고 또 사윈다는 것, 따라서 모든 존재는 관계와 순환의 질서 속에서 파악되어야 한다는 것이 우리의 관점입니다. 우리의 관점은 생물학, 생리학, 생태학 등의 과학과 근대적 이성이 축적한 지적 체계를 존중합니다. 그러면서도 이런 관점의 한계를 보완하기 위해 온 생명을 관통하여 우주적 법칙을 살피는 동아시아적 사유와의 연결을 시도할 것입니다. 그렇게 하면 숲의 말이 한결 잘 들릴 것입니다.

숲이 우리에게 전하는 가장 깊고도 조용한 말은 아마 이것일 것입니다. '저 풀이 아무것도 아니라면 그대 역시 아무것도 아닌 것이다.' 이 말이 들릴 만큼 숲을 깊게 만나기 시작하면 인간을 정점에 두고 그 아래에 다른 생명을 배치한 아리스토텔레스적 위계를 의심하게 됩니다. 삶의 본질 차원에서는 모든 생명이 서로 대등한 존재임을 자각하게 됩니다. 그 자각에 이르면 마음속에 자주 연민이 일고, 한결 큰 평화가 찾아오게 됩니다.

3장

생명성, 그리고 삶에
필요한 두 가지

살아 있는 모든 존재는 새로워지려 합니다.
그래서 모험하고, 그래서 아픕니다.
그들에겐 죽은 존재와 대비되는 온기가 있고,
부드러움이 있고, 흔들림이 있습니다.

인생 전체를 계절로 보면 아동기와 청소년기는 봄날입니다. 봄날은 여느 계절보다 활기차고 눈부십니다. 하지만 봄날을 살아야 할 대한민국의 아동과 청소년은 전혀 그렇지 못합니다. 한 인간이 어릴 때부터 성인이 될 때까지 우리나라처럼 공부로 내몰려야 하는 나라도 드물 것입니다. 하교 후에는 학원가를 떠돌면서 매일 쌓이는 숙제로 어린 시절을 보내야 하는 아동기, 본격 서열화의 관문이 된 대학입시를 향해 개미마냥 줄지어 행렬하는 청소년기, 취업의 통로로 전락해 학문과 낭만을 찾기 어려워진 대학과 청춘의 활력 따위를 거론할 수 없을 정도로 삭막해진 청년기. 한창 피어날 시기에 이처럼 움츠러들어 있어야 하는 봄날의 생명들이 또 어디 있을까요?

벅차게 공부하면 삶은 그만큼 더 좋아져야 할 텐데 그 결과는 어떤가요? 너무 참담하고 절망적입니다. 최근 우리나라 어린이·청소년 행복지수는 경제협력개발기구OECD 22개 국가 중에서 22위로 또 꼴찌를 기록했습니다.* '국제 아동 삶의 질 조사'에서 한국 어린이들이 누리는 삶의 질은 35개 조사 대상국 중에서 32위로 최하위권이었습니다.** 우리 사회와 부모들의 인식이 근본적으로 변하지 않는다면, 저런 조사 결과는 앞으로도 반복될 것입니다.

한창 뻗어가고 피어나야 할 시기에 생명성과 순정한 사랑을 잃고 살아간다는 것보다 슬픈 일이 어디 있을까요? 숲 생명들의 활력 넘치는 삶을 보다가 점점 생기를 잃어가고 있는 미래 세대의 현실을 생각하면 너무너무 가슴이 아픕니다.

이런 상황에서 우리에게 가장 절실한 것은 무엇일까요? 온전한 삶에 대한 전망을 되찾고, 일그러져 가는 삶을 조금

---

* 〈한국 어린이·청소년 행복지수 국제비교연구 조사결과 보고서〉, 연세대학교 사회발전연구소, 2021.
** 2009년부터 진행된 프로젝트로, 우리나라는 2011~2012년 1차 조사 때부터 참여하고 있습니다. 자세한 내용은 https://isciweb.org에서 찾을 수 있습니다.

씩 회복해가는 일이 아닐까요? 지금 당장 사회구조와 교육제도의 근본적인 개혁을 바라지만, 매우 복잡한 문제라서 쉽지 않을 것입니다. 하지만 새로운 시선을 가지고 주어진 삶을 사랑할 힘과 생명성을 회복하는 일은 가능합니다. 이 일에 숲은 아주 탁월한 스승, 혹은 매개체 역할을 할 수 있습니다. 생명과 삶의 근본 이치에 대해 깊게 사유하면서 숲이 내뿜는 생명성을 체험할 때, 우리는 잃어버린 삶의 온전성을 회복할 수 있고 기꺼이 새롭게 살아보려고 노력할 수 있게 됩니다.

숲을 깊게 만난다는 것은 곧 삶의 근본을 마주하는 일입니다. 숲을 사유한다는 것은 삶의 이치를 터득하는 공부이자, 그 이치에 부합하는 삶을 자연스럽게 실천하도록 이끄는 특별한 자극입니다. 우스꽝스럽게 들릴지 모르지만, 숲에는 생명들이 다니는 학교나 학원이 없습니다. 숲에서는 누구도 삶의 기술을 얻거나 방향을 설정하기 위해 특별한 교육을 받지도, 공부를 하지도 않습니다. 하지만 주어진 자리에서 기어코 제 꽃을 피우고 열매를 맺으며 자기 삶을 부지런히 사랑합니다. 그 모습은 일생 풀처럼, 나무처럼 사신 저의 어머니를 떠올리게 합니다. 어머니는 무학이셨고 문맹으로 평생을 살았습니다. 학교가 없던 시절에 가난한 심심산골에서 태어난 어머니는 스스로 삶의 꽃을 피웠고, 분수에 맞는 열매를 맺으며 당당히 세상의 일원으로 살았습니다. 숲 생명들을 마주할 때마다, 그리고 그들을 똑 닮은 어머니를 생각할 때마다 저는 우리에게 가장 근본적인 질문을 하게 됩니다. 한 인간이 주어진 삶을 거뜬히, 살맛 나게 살기 위해 반드시 갖춰야 할 능력은 무엇일까? 인생에 꼭 필요한 능력이 있다면 그것은 무엇일까?

저는 학부모를 대상으로 하는 강연에서 늘 이 질문을 던지고 그 대답을 확인해보았습니다. 대개의 부모는 공부를 잘하는 능력에 마음이 꽂혀 있었습니다. 그들은 공부를 잘하면 아이의 삶과 장래도 좋을 것이라고 믿고 있었습니다. 하지만 이것은 부분만 진실이고, 나머지는 허구인 신념입니다. 우리 사회구조 속에서는 공부를 잘한 아이가 더 안정적이거나 소득이 높은 직업을 가질 확률이 높기는 합니다. 하지만 시험 위주의 공부를 잘했다고 해서, 안정적인 고소득 직업을 얻게 되었다고 해서, 정말 더 좋은 삶을 살 수 있을까요? 이런 관점이라면 숲에 사는 나무 중 가장 비옥한 땅에서, 가장 높이 자라는 나무의 삶이 제일 좋으리라 생각할지도 모르겠습니다. 그들에게는 작은 열매나 쫓아다니는 참새나 오목눈이 같이 숲 언저리에 사는 작은 새들보다는, 큰 몸집을 가졌고 움직이는 먹잇감을 사냥할 수 있는 매나 올빼미 같은 맹금류의 삶이 훨씬 더 좋게 보일 수도 있을 것입니다.

저런 견해가 왜 부분만 진실이고 나머지는 허구일까요? 생명에게 먹고사는 일은 그 무엇보다 중요한 일입니다. 모든 생명에게 굶주림은 치명적인 것이니까요. 하지만 먹고사는 문제를 확실히 해결한 삶이 곧 더 좋은 삶을 보장해주는 것은 아닙니다. 물론 우리 주변에는 절대적 가난 때문에 고통받는 사람들이 있습니다. 하지만 이미 넉넉한데도 가진 것이 늘 모자르다는 생각에 빠져 괴로운 사람들, 이미 부자이면서도 평생 부자로 살지 못하는 사람들이 훨씬 많습니다. 가난이 우리를 괴로움으로 이끌 수도 있지만, 삶의 진실한 실체를 헤아리고 그 진실에 머물게 되면 가난이 삶을 삼켜버리게 두지는 않습니다. 삶의 온전성을 확보한 사람들은 부유한 여건 속에서 더없이 좋은 삶을 살 수도 있겠지만, 지혜가 자라지 못한 사람은 **풍요 속에서도 한없는 빈곤을 경험**합니다. 여전히 자신이 부자라는 사실을 모르는 경우가 많습니다. 부유한데 여전히 결핍을 느끼는 사람은 오직 더 갖고, 또 가진 것을 지키기 위해 아등바등합니다. 그런 이들 중에는 친구나 이웃, 세상의 곤란 따위에 눈을 감고 사는 경우가 허다합니다. 이런 삶이 과연 좋은 삶일까요? 온전한 삶이라고 할 수 있을까요?

　　한 인간이 온전한 삶을 살기 위해 필요한 능력은 따로 있습니다. 숲의 생명들이 우리에게 전하는 지혜는 단 두 가지 능력만 갖추면 족하리라 말합니다. 첫째는 **저 스스로 삶을 감당하는 힘**을 갖추는 것이고, 둘째는 **사랑하며 살아갈 힘**을 갖는 것입니다. 저는 저 스스로와 주변 사람들이 이 능력을 갖추고 살아가기를 간절히 바라왔습니다.

나무도 풀도, 이끼도 지의류도, 뱀도 지렁이도, 참새도 까치도, 들쥐도 올빼미도 모두 저 스스로 삶을 감당하며 살아갑니다. 삶을 감당한다는 것은 자신에게 닥쳐오는 크고 작은 문제들을 기꺼이 스스로 해결하고 넘어서는 것입니다. 한마디로 제 삶의 주인이 되어 그 자리를 지킬 힘을 갖추는 것입니다. 이 능력은 도전과 역경 앞에 바위처럼 맞서는 용기이기도 하지만, 때로 어쩔 수 없는 겨울이 삶을 엄습하면 잠시 물러서서 그 시간을 견딜 줄 아는 지혜이기도 합니다. 또한 필요와 상황에 따라 내줄 것들은 내주면서 협력하고, 홀로만의 문제가 아닐 때는 기꺼이 연대할 줄 아는 능력이기도 합니다.

저 스스로 삶을 감당하는 힘은 온전한 삶을 위한 필요조건입니다. 삶을 온전하게 하는 충분조건은 두 번째 능력, 즉 사랑하며 살아갈 힘을 갖추는 것입니다. 사랑에 대한 저의 정의는 간결합니다. 사랑은 '함께 있고 싶은 것, 그래서 기꺼이 함께하는 것'입니다. 사랑에 빠지면 우리는 그 존재와 함께 있으려 합니다. 그래서 함께 밥을 먹고, 차를 마시고, 영화를 보고, 산책하고, 여행하고 싶습니다. 그리고 마침내 함께 살고 싶어 합니다. 저의 감각이 맞는다면 사랑에 빠진 커플들은 대개 이런 흐름으로 결혼에 이를 것입니다. 하지만 이것은 사랑이 주는 기쁨의 절반만을 누리는 것입니다. 사랑은 또 다른 절반까지 함께하는 것으로 완성되기 때문입니다. 그가 싱싱함을 잃고 늙어가는 나날들, 어느 날부터 드러나기 시작하는 그 인생의 그림자들, 어쩌다가 넘어진 그가 용기를 잃고 절망에 젖어 흐느끼는 날들, 병마가 찾아온 날들, 그것이 남기는 누추함과 처절함, 심지어 나의 이름조차 떠올리지 못할 만큼 흐려지고 뒤엉켜버린 기억, 걷는 것도 불가능해진 몸, 그 몸에서 배어 나오는 냄새…. 그에게 찾아올 어떤 어두운 날들마저 함께하고 싶고, 그래서 기꺼이 함께할 수 있어야 비로소 누군가를 진정으로 사랑할 힘을 갖춘 것입니다.

숲에는 자신을 사랑하지 않는 나무가 단 한 그루도 없습니다. 나무는 단 한 순간도 자신으로부터 도망치지 않습니다. 눈부신 햇살과 평온한 바람, 적당한 비를 먹고 자라는 나무는 무수히 겪어내야 하는 삶의 어두운 과정들과도 기꺼이 함께합니다. 봄날 애벌레가 소중한 새 이파리를 뜯어먹어도, 어렵게 피워낸 귀한 꽃을 누가 아무렇지도 않게 꺾어버려도, 가지가 사정없이 부러져도 삶을 내팽개치지 않습니다. 폭풍우가 거세게 몰아쳐도, 아직 여물지 않은 열매를 잃어야 하는 애처로운 날에도, 서릿발과 눈보라가 몰아쳐 오는 시린 날에도,

나무는 제 삶으로부터 도망치지 않습니다. 그들은 자신의 모든 날과 기꺼이 함께합니다. 무엇보다 자신을 존재하게 하는 온갖 생명을 보듬고 품어냅니다. 때로는 자신을 돕기도 하지만, 자신을 파먹으며 해를 가하기도 하는 존재들을 나무는 기꺼이 사랑합니다. 사랑에 관한 진실은 숲이 전하는 가장 아름다운 지혜입니다.

우리는 스스로 자기 삶을 감당하기가 왜 그토록 어려울까요? 자신과 이웃을 사랑할 힘은 또 왜 그토록 미약할까요? 우리의 공부가 생명성을 채워가는 방향으로 연결되기보다, 오히려 반反생명적인 방향을 향해왔기 때문입니다. 우리의 공부는 살아 있음의 기쁨을 확장하는 데에 쓰이지 않았습니다. 대신 성공을 위한 경쟁, 누군가를 이겨야 하는 쪽으로 흘렀습니다.

그렇다면 생명성이란 과연 무엇일까. 혹시 살아 있는 것과 죽은 것의 차이에 대해 깊이 생각해본 적 있나요? 이 질문의 답을 찾는 과정은 생명성의 본질이 무엇인지를 가늠하게 할 것입니다. 생물학에서는 무생물과 구분되는 생물의 특성을 대략 이렇게 말합니다. '생물은 세포를 기본 단위로 하고,

물질대사를 통해 에너지를 변환하고 자기 증식과 항상성 유지 능력을 가진 존재다.' 이 정밀한 규명은 근대 이성의 토대 위에 선 생명과학의 커다란 성과이자 오늘날 유전공학의 눈부신 발전을 가능케 한 출발점입니다. 그러나 이 정의는 우리가 삶을 헤아리고 감당하고 사랑하게 하는 데에는 큰 역할을 하지 못합니다. 왜냐하면 그 정의 속에는 살아 있음의 기쁨도, 삶을 살아내야 할 이유도 담겨 있지 않기 때문입니다. 반면 저와 함께 긴 호흡으로 공부하고 있는 이들과 같이 정의한 다음의 내용은 어떨까요?

첫째, 살아 있는 존재들은 모두 새로워지려 한다.
둘째, 새로워지기 위해서 기어코 모험한다.
셋째, 모험하기 때문에 더러 아프다.
넷째, 살아 있는 존재는 죽은 것보다 더 따뜻하다.
　그리고 더 부드럽고, 더 잘 흔들린다.

태아는 새로운 세계를 향해 그 좁은 산도를 한사코 통과하여 나옵니다. 이제 한동안 천장을 향해 누워 있게 됩니다. 하지만 이 조그만 아기는 버둥거리기를 반복하다가 기필코 몸을 뒤집습니다. 뒤이어 배밀이를 하고, 기어다니기 시작합니다. 그러다가 마침내 일어섭니다. 종종 넘어지고 아파서 울기도 하지만 다시 일어서기를 반복하면서 아장아장 걷기 시작합니다. 그러다가 결국 뛰는 경지의 새로움에 이릅니다. 그리고 어느 순간부터 질문을 하기 시작합니다. 질문하는 법을 배운 적이 없는데 말입니다.

질문하는 법을 배운 적이 없는 아이가 스스로 던지는 질문은 크게 세 단계를 거칩니다. 우선 '무엇이냐'고 묻습니다. 자기가 마주하는 이런저런 것들을 분별하고 싶어 하는 단계입니다. 다음에는 '왜'라고 묻습니다. 이제 분별한 것들 사이의 인과가 궁금해지는 단계입니다. 사춘기 무렵이 되면 대개는 어른들과 대화를 잘 안 하려는데, 질문은 질적 전환의 단계에 이릅니다. 질문을 한다면 보통은 퉁명스럽게 이런 식으로 합니다. "왜?, 뭐?" 이 불만을 품은 듯한 질문의 참뜻은 단순한 분별이나 인과에 대한 것이 아닙니다. "왜 재미도 없는 학교에 가라고?"(for what?), "그렇게 하면 뭐가 달라지는 거냐고?"(so what?)와 같이 서툴지만 근원, 궁극을 알고 싶다는 뜻이 담긴 경우가 많습니다. 드디어 그에게서 철학이 시작된 것입니다. 모두 본능적으로 자꾸 새로워지려 하고, 그래서 기꺼이 모험하는 것입니다.

사람만이 아닙니다. 땅에 떨어진 도토리 한 알도 생명의 원리가 작동하는 순간부터 날마다 새로워지려 합니다. 그리고 날마다 모험합니다. 제 스스로 껍질을 벗어 땅을 뚫고, 뿌리를 내리고, 잎과 줄기를 키워냅니다. 이렇듯 살아 있는 모든 존재는 모험과 함께 새로워지려 합니다. 모험에는 크고 작은 아픔과 상실이 함께 놓여 있습니다. 뜯기고, 부러지고, 잘리고…. 주저하거나 흔들리는 순간들은 살아 있는 모든 존재와 나란히 걷고 있습니다. 그것이 삶이고, 살아 있음의 증거입니다.

숲을 함께 걷는 자리나 강의하는 자리에서 저는 짓궂게 묻곤 합니다. "여러분은 새로워지려 하십니까? 그래서 기꺼이 모험하며 사십니까? 아니면 모험을 회피하며 사십니까? 때로 삶이 아픕니까? 그 아픔이 마땅하다고 여기십니까? 아니면 아프지 않으려 하십니까? 당신은 점점 부드러워지고, 더욱 따뜻해지고, 자주 흔들리며 사십니까? 아니면 이 모든 방향과 반대로 가고 있습니까?" 이 질문을 받은 사람들은 대개 웃음을 보이거나 이렇게 대답합니다. "저는 반대로 향하고 있었네요."

저는 그들에게 너무 자책하지 말자고 다독입니다. 이제라도 살아 있는 존재들의 특징을 하나씩 삶으로 다시 데려와 보자고 제안합니다. 기꺼이 모험하고, 아픔을 받아들이고, 더 자주 미소 짓고, 때로 흔들리는 자신을 자책하지 말고 응원하며 살아보자고. 삶은 생명의 근원적 작동 원리를 따를 때 저마다의 자리에서 가장 아름답게 빛납니다. 그 원리와 어긋나면 삶은 뒤틀리고 쪼그라듭니다. 따라서 생명성 가득한 존재만이 저 스스로 삶을 감당하고, 자신과 이웃을 사랑하며 살 수 있습니다.

저는 이 시대의 젊은 부모들에게 도토리 한 알이 껍질과 어두운 땅을 뚫고 일어서서 펼치는 위대한 삶의 드라마를 보여드리고 싶습니다. 그래서 그들이 자기 자녀들도 도토리가 보여주는 그 위대한 힘을 고이 품은 채 이 세상에 온 존재가 틀림없다는 걸 느끼고 믿게 하고 싶습니다.

4장

모든 생명은 사연을 품고

나 아닌 존재의 사연을 헤아리는 일은
일견 번거롭거나 넓은 오지랖처럼 보일 수 있습니다.
하지만 이와 같은 접속은 내 삶을 더 풍요롭게 하고
자신에게 평화를 선물할 때가 많습니다.

계절이 작은 톱니바퀴의 리듬이라면, 모든 톱니바퀴를 아우르는 우주는 장엄한 리듬 그 자체입니다. 우리 조상들은 거역할 수 없는 그 리듬을 주목했고, 자연현상 속에서 그 숨결을 자세히 살펴 스물네 개의 마디를 찾아냈습니다. 그리고 마디마다 이름을 붙여 변화의 특징을 기억하고 삶의 이정표로 삼았습니다. 모두가 그 무한히 반복되는 리듬에 삶을 조아렸습니다. 숲의 생명들도 그 리듬을 따라 일어서고, 펼치고, 춤추고, 오므리고, 다시 일어서며 제 삶을 지켜왔습니다. 그 리듬 중에서 숲에 극적 변화를 지휘하는 비교적 확연한 변곡점들이 있는데, 그 하나가 첫서리입니다.

첫서리는 계절의 전환을 피부로 느끼게 합니다. 그 시기를 포착한 절기인 상강은 백로와 한로의 뒤를 잇는 가을 절기의 마지막 마디입니다. 동양사상의 관점에서 보면, 서리는 양의 기운이 음의 기운으로 바뀐 것을 뚜렷이 느끼게 해주는 현상입니다. 첫서리는 소위 금화교역金火交易이 분명하게 이루어졌음을 보여주는 증거입니다.* 상강을 뒤따라 겨울이 일어서는 입동의 절기가 아무렇지도 않게 숲으로 찾아옵니다. 이제 숲의 공기는 한결 더 쌀쌀해집니다. 해의 길이는 속속 짧아지고, 아침 최저기온의 기록 경신도 시작될 것입니다. 메말라가는 것들 위로 새벽마다 된서리가 내려앉기 시작합니다. 이제 곧 작은 물웅덩이의 가장자리로부터 살얼음이 생길 것입니다. 천지가 어우러져 빚어내는 하강과 수렴의 준엄한 리듬을 거스르며 감히 방자할 수 있는 생명은 드뭅니다.

상강과 입동, 저 두 개의 중요한 마디를 지나면 숲에 사는 생명들은 겸손해집니다. 저마다의 빛깔로 물들었던 나무들은 제 잎사귀와 미련 없이 이별합니다. 단풍은 바람 앞에서

---

* 동양사상은 고대로부터 음양의 작용이 변화를 빚는다고 파악했습니다. 음과 양은 서로 교대, 왕래, 결합, 충돌하는 역동을 통해 다시 목화토금수의 오행으로 분화합니다. 음양오행은 구체적 물질을 의미한다기보다 어떤 성질이나 기운을 상징하는 일종의 기호로 파악하는 것이 타당합니다. 금화교역은 확산과 성장을 이끌던 화의 기운(여름)이 수렴과 성숙을 이끄는 금의 기운(가을)으로 바뀐다는 의미입니다. 자세한 내용은 다음 책을 참고하시기 바랍니다. 한동석, 《우주 변화의 원리》, 대원기획출판, 2001.

속절없이 떨어져 나뒹굴기 시작합니다. 풀 대부분은 누렇게 사위고, 흩어질 앞날을 기다리고 있습니다. 지렁이는 이미 완전히 사라졌습니다. 이따금 양지바른 자리에서 풀 죽은 볕을 쬐던 뱀들도 더는 보이지 않습니다. 햇살 좋은 한낮에도 나비를 만나기는 어렵습니다. 신비로운 그물을 드넓게 쳐놓고 그 위에서 음표처럼 자리를 지키던 호랑거미들마저 보이지 않습니다. 제 영토를 넓혀가던 칡덩굴들의 넓고 격렬했던 잎사귀마저 완벽하게 생기를 잃었습니다. 사람도 덩달아 겸손해집니다. 저의 공간에는 다시 난로가 등장하고, 오두막들에는 저녁마다 구들장을 데울 연기가 피어오르기 시작합니다. 이때부터 시골 마을은 저녁 7시면 오밤중이고, 오가는 사람 없이 적막해집니다. 적어도 입춘 무렵까지는 그럴 것입니다.

하강과 수렴의 리듬이 대기와 땅을 압도하기 시작하는 이 즈음, 오히려 숲 언저리를 환하게 밝히는 야생의 꽃이 있습니다. 모두가 욕망을 철회하며 겸손해지는 이때, 홀로 단정함을 잃지 않고 자태를 뽐내며 발걸음을 붙드는 풀꽃이 있습니다. 서릿발을 맞으면서도 흐트러짐이 없는, 아니 서릿발 속에서 오히려 더 빛나는 꽃입니다. 누군가에게 그 꽃은 "돌아와 거울 앞에 선 누님 같은" 꽃이고, 제게는 수승한 구도자의 모습으로 비치는 노란색의 꽃입니다. 새끼손톱만큼 작지만, 서릿발을 견뎌내며 피는 그 노란 꽃은 무엇일까요? 국화를 짐작했다면, 맞습니다. 하지만 정답은 아닙니다. 누가 일부러 심지 않는 한, 야생의 숲에서 크고 작은 무더기를 이루며 그토록 작은 크기로 피어나는 노란색 국화는 없습니다. 이 야생 국화의 정확한 이름은 '산국'입니다. 모두가 숨죽이고 스러져 가는 숲 가장자리의 풀 더미 속에서 노랗게 밝은 빛을 펼쳐내는 산국을 사람들은 잘 모릅니다. 그 모양이 너무도 소박해서 그럴 것입니다.

식물 이름에 관심이 많은 이는 같은 시기에 비슷하게 피어나는 또 다른 야생 국화인 감국과 산국이 어떻게 다른지, 그 서식지나 잎과 꽃의 미세한 차이 등을 살펴 둘을 식별하는 방법에 마음을 쏟기도 합니다. 또 어떤 사람들에게는 꽃차를 만드는 재료로도 유명합니다. 이웃 중에 산국을 재배하는 농부가 있습니다. 그는 늦가을이면 그 꽃을 따다가 말린 다음에 꽤 비싼 값에 판매합니다. 하지만 산국이 왜 서릿발을 맞으면서도 피어나는지, 그 사연을 헤아리는 사람은 흔치 않습니다.

모든 생명은 사연을 품고 삽니다. 사연 없이 사는 생명은 없습니다. 하지만 오늘날 우리는 나 아닌 존재의 사연을 헤아려보려는 마음을 점점 더 잃어가고 있습니다. 타자의 사연과 내 마음을 잇는 노력은 번거롭거나 무가치한 일이라고 여기게 된 탓일까요? 그래서 개방과 연결이라는 생명의 본능을 접고, 고립과 단절의 방향을 택하는 것일까요? 혹시 그렇다면, 그것은 전체를 보지 못하고 부분만 경험한 데에서 비롯된 오해일지도 모릅니다. 자기 앞에 있는 한 생명이 어떤 먼 여정과 깊은 배경을 안고 지금 이 자리에 도달했는지를 헤아리기 시작하면, 오히려 나 자신의 삶이 한결 더 풍요로워지기 시작합니다.

나를 지키는 방편으로 구축해온 고립과 단절의 벽에 창을 내고, 타자의 사연을 헤아리면 인생이 피곤해질 것이라 생각하는 사람들이 있습니다. 사실이 아닙니다. 오히려 미워하는 대상이 점점 더 줄어들게 됩니다. 그러다가 마음이 평안해집니다. 그 경지가 너무 멀리 있는 것 같다면 이것부터 해봐도 좋습니다. 내 잣대로 측정하고 판단하는 마음, 내 그릇에 타자를 우그려 담으려는 마음, 이 마음만 우선 거두어보세요. 나를 중심으로 세계를 판단하려는 자기 자신을 알아채기 위해 저는 가끔 이렇게 천천히 소리내어 말합니다. 당신도 서너 번 소리내어 읽어보기를 바랍니다. 그것만으로도 닫힌 마음의 창이 부드럽게 열리는 걸 느낄 겁니다.

내가 틀릴 수도 있습니다.*

* 비욘 나티코 린데블라드, 박미경 옮김, 《내가 틀릴 수도 있습니다》, 다산초당, 2022.

다른 존재를 향한 마음의 창을 가만히 열기 위해 먼저 아래 표를 살펴보겠습니다. 더 깊게 사물과 생명을 마주하는 일이 어떻게 삶을 더 풍성한 지점으로 데려가는지를 살필 실마리가 될 것입니다.

"저건 산국이다."	단순히 이름을 알려는 마음, 감국과 구별할 수 있는 식견
"차나 술을 담그기 좋지."	효능, 이용법
"화병에 꽃아놓으면 예쁘지."	심미적 대상

어떤 마음이 먼저 일어서는지 그 순서에 차이는 있겠으나, 대개 사람들이 산국을 바라보는 관점은 위의 세 가지 정도로 집약됩니다. 지금까지 당신은 어떤 관점을 지니고 살았나요? 당신은 지금 늦가을 숲 언저리에서 아주 작은 노란색 꽃을 마주했는데 그 꽃의 이름을 모르는 상태입니다. 이름도 모르는 그 꽃에 절로 눈길이 가는 이가 당신이라면, 당신은 참 훌륭합니다. 그런 당신은 꽃들에 눈길조차 주지 않는 이들보다는 자연과 교감하는 마음의 창을 훨씬 쉽게 낼 수 있을 것입니다.

한편 누군가의 도움을 받거나 도감 등을 통해 모르는 꽃의 이름을 알아보는 자세를 가졌다면, 그는 더욱 훌륭합니다. 그런데 우리가 그런 방법으로 알게 되는 것은 주로 무엇이던가요? 대개의 도감은 학명을 포함한 이름과 생김새, 비슷하게 생긴 꽃과의 구별 방법, 개화 및 결실 시기 등을 주로 설명하고 있습니다. 그리고 용도를 적시합니다. 어떻게 활용할 수 있고, 효능은 무엇이며, 활용할 때 어떤 점을 주의해야 하는지 등이 적혀 있습니다. 어쩌다 인문적 맥락이 덧붙기도 합니다. 꽃말과 그 의미, 관련 전설이나 설화, 역사적 기록 같은 것들입니다. 반면 어떤 사람은 그 꽃을 아무렇지 않게 꺾기도 합니다. 아마 그 꽃을 화병에 담아 자기 공간의 장식으로 삼고, 그로부터 심미적 쾌감을 누리려는 마음일 것입니다.

요컨대 그 모양과 특징을 살펴 이름을 알고, 그 약리적 특성을 파악해서 여러 형태로 섭취하고, 혹은 관상용으로 소비하려는 것이 우리의 주된 관점입니다. 생각해보면 여기에는 어떤 근본적인 무의식이 흐르고 있습니다. 우리가 그 꽃을 그저 **대상**으로 여길 뿐이라는 점, 자신을 그 꽃보다 **더 큰 존재**로 인식한다는 점입니다. 인간 역시 포식자로 진화해온 동물이자 아름다움을 추구하는 아주 특별한 생명이기에, 이 모든 시선은 자연스럽다고 할 것입니다. 하지만 이것이 꽃에 대하여 인간이 가질 수 있는 시선의 전부일까요?

저는 다른 시선 하나를 제안하려 합니다. 이 시선은 틀림없이 당신이 숲을 더 깊게 만날 수 있도록 도울 것입니다. 동시에 삶의 실존적 문제들을 지혜롭게 풀어갈 실마리도 제시할 것입니다. 이것은 숲과 그 생명들을 노래한 시인들에게서 종종 발견되는 시선이기도 합니다. 또한 시인도 아닌 제게 어느 순간 우연히 스며들어 도무지 떠나지 않는 시선이기도 합니다.

이제 앞의 표 맨 아랫줄을 다음과 같이 덧붙여보겠습니다.

"저건 산국이다."	단순히 이름을 알려는 마음, 감국과 구별할 수 있는 식견
"차나 술을 담그기 좋지."	효능, 이용법
"화병에 꽂아놓으면 예쁘지."	심미적 대상
"서리를 기다리는 꽃."	꽃 한 송이가 품은 신비

저의 시선은 산국이 서리가 내릴 즈음 제 꽃을 피운다는 그 특징에 주목합니다. 산국은 상강에서 입동쯤에 내리는 서리를 넉넉히 견딥니다. 아니, 그 시절에 내리는 서릿발을 오히려 기다리는 듯도 합니다. 거의 모든 풀이 우주가 빚는 하강과 수렴의 리듬에 삶을 조아리느라 그쯤에 꽃피는 사태를 피하는데, 하필 상강 무렵에 피어나는 꽃이라니! 산국은 왜 서리를 맞으면서도 피어나는 것일까요? 심지어 서리를 온몸으로 맞으면서도 어떻게 그렇게 싱싱하게 피어날 수 있을까

요? 그래야만 하는 사연은 도대체 무엇일까요? 서리를 기다리는 꽃이라니! 얼마나 경이롭고 신비한 존재인가요? 저는 수년 동안 산국의 처지가 되어 그 존재를 살피며 질문을 던졌습니다. 그러던 어느 날 문득 그들이 안고 있는 사연을 알게 되었습니다.

산국은 대략 성인 무릎 높이에서 허리 높이 정도로 자라는 여러해살이풀입니다. 흥미롭게도 산국이 서식하는 공간은 사람이 살아도 좋을 땅이라고 합니다. 생태사회학자 김종원 교수는 이렇게 말합니다. "이 존재는 도시화되고 산업화된 환경 속에서는 살지 않는다. 신선한 공기와 오염되지 않은 누기漏氣가 있는 땅에서만 산다. 산국은 여전히 사람이 살만한 쾌적한 땅이란 것을 알려주는 바로미터가 되는 종이다."* 산국은 제가 사는 중부 지방에서 대략 10월과 11월 사이, 상강 이후를 절정으로 삼아 무더기로 노랗게 꽃핍니다.

산국이 피면 어김없이 떠오르는 시 한 편이 있습니다. 한국인 대다수가 사랑하는 명시입니다. 하지만 그 시를 읽다가 시인을 떠올리면 늘 혼란스럽고 안타깝습니다. 그토록 아름다운 시 세계를 펼쳤지만 친일과 군사독재정권 찬양 등의 반생명적 행보를 보였다는 점이 좀체 이해되지 않기 때문입니

* 김종원, 《한국 식물 생태 보감 1》, 자연과생태, 2015.

다. 바로 미당 서정주입니다.* 그는 자신의 시 〈국화 옆에서〉
의 첫 연에서 느닷없이 소쩍새를 등장시킵니다. "한 송이 국
화꽃을 피우기 위해 봄부터 소쩍새는 그렇게 울었나 보다."
그리고 다음 연에서는 여름날의 천둥과 먹구름을 호명한 뒤
"돌아와 거울 앞에 선 내 누님같이 생긴 꽃"이 피려고 서리가
내렸다고 노래합니다. 대략 4월 초중순, 소쩍새들의 노래가
들려오는 봄부터 늦가을 서리를 맞으며 피어나는 산국을 긴
호흡으로 살펴본 사람은 서정주가 왜 봄, 여름, 가을, 그리고
서리 내리는 시절을 차례로 그려 넣었는지 이해할 수 있을 것
입니다.

　소쩍새가 노래하기 시작하는 봄과 천둥과 먹구름, 폭우
가 쏟아지는 여름날, 누군가 산국의 서식지 근처를 우연히 지
나친다고 하더라도 산국의 존재를 알아채기 어려울 것입니
다. 산국은 앞다퉈 다른 꽃들이 피어나는 시기에는 자신을 드
러내지 않기 때문입니다. 산국은 그들과는 전혀 다른 계절을
겨냥하고 있습니다. 소쩍새가 노래하는 봄날, 산국의 서식지
는 쑥쑥 자라나는 다른 풀들로 가려지기 일쑤입니다. 그 시
기엔 오직 제 몸을 만들고, 천둥과 먹구름이 뒤엉키는 한여름

* 서정주에 관해서는 한국민족문화대백과사전 홈페이지 https://encykorea.aks.ac.kr
와 다음 책을 참고했습니다. 친일인명사전편찬위원회, 《친일인명사전》, 민족문제
연구소, 2009.

무렵 비로소 좁쌀보다도 작은 꽃망울을 품습니다. 밤낮이 서늘해질 즈음에야 팥보다도 작은 크기의 꽃망울을 키워내지만, 마침내 서리가 내려 주변이 정리될 때까지는 자신의 존재를 드러내지 않습니다. 산국은 서리에도 풀이 죽지 않을 꽃이 되기 위해 에너지를 응축하며 기다립니다. 서리 내릴 시기가 되면 꿀벌들은 다급해집니다. 이미 들과 숲에는 수렴과 하강의 우주적 리듬을 감지하고 서둘러 갈무리한 식물들이 대부분이어서 꿀과 화분을 얻을 꽃이 점점 귀해지기 때문입니다. 이때쯤이면 늦게 피어난 물봉선은 이미 꽃을 지웠고, 그 결과로 맺은 열매는 제 씨앗을 멀리 팅겨낸 뒤입니다. 원추를 절반으로 잘라 반쪽은 버리고 남은 반쪽에만 꽃을 피우는 것 같은 모양의 꽃향유만이 겨우 눈에 띌 무렵, 드디어 찬 서리가 내립니다.

이제 서리를 맞은 산국 주변의 온갖 풀잎들은 하나둘 속절없이 시듭니다. 그동안 무성했던 풀들이 힘없이 주저앉는 그 숲 가장자리는 바야흐로 산국의 시간입니다. 꿀벌들은 애써 부르지 않아도 만개한 산국을 찾아오느라 정신이 없습니다. 드물게 아직 생의 마지막 숨을 붙잡고 있는 나비들이 찾아들고, 꽃등에류의 벌레들도 간절히 산국을 사랑합니다. 그렇게 겨울의 문턱에서 먹을 것이 절박한 존재들을 돕는 것으로 산국은 제 열매를 맺어냅니다. 봄부터 늦가을까지 온갖 풍파를 견뎌낸 지난날들은 눈물겹고, 다른 생의 기댈 구석이 되어주는 이때의 산국은 "돌아와 거울 앞에 선 내 누님"처럼 숙연하고 아름답습니다.

아직 한 가지 의문이 더 남았습니다. 꽃을 찾는 곤충들이 가장 많고 활발할 때는 당연히 따뜻한 계절인데, 산국은 왜 그 계절에 피지 않고 하필 상강지절霜降之節 그 절박한 시간을 겨냥하는 것일까요? 저는 그 배경과 사연을 산국의 왜소한 모양새와 그의 서식 환경으로 읽습니다. 우선 모양을 보면, 산국의 꽃은 '통상화'와 '설상화'의 구조를 갖추고 있습니다. 해바라기를 예로 들어보겠습니다. 해바라기의 꽃에서 통통하고 고소한 열매를 한 톨씩 맺는 부분을 통상화(통발 모양의 꽃)라고 하고, 흔히 꽃잎이라고 여기는 가장자리의 노란색 혀 모양 부분을 설상화라고 합니다. 산국의 꽃 구조 역시 해바라기꽃의 축소판입니다. 코스모스도 같은 구조입니다. 하지만 해바라기나 코스모스와 달리 산국의 꽃 크기는 대단히 작습니다. 가장자리에 두른 설상화를 합친 최대 크기가 1.5센티미터 정도에 불과합니다. 특별히 높게 자라는 풀도 아닙니다. 게다가 서식 환경은 다른 식물들로 넘쳐나는 경쟁적인 공간입니다. 햇빛도 좋고, 수분과 양분도 적당한 숲의 가장자리 부분이기 때문입니다. 그런 땅의 무늬(서식 환경)에서 수많은 풀이 높이를 다투는 따뜻한 계절에 왜소한 모양으로 꽃피면

벌이나 나비에게 선택받는 데에 불리할 것입니다. 그래서 치열했던 주변이 모두 사위는 시기를 선택하고 견뎌냅니다. 그렇게 하면 자신의 왜소함을 극복하고 빛나는 존재가 될 수 있기 때문입니다. 이렇게 한 존재의 배경과 사연을 알고 나면 그의 삶에 대한 존중이, 경외감이 저절로 찾아옵니다. 이리저리 그를 판단하기보다 그가 왜 그렇게 사는지를 이해해보게 되는 것입니다.

　생명은 저마다의 사연을 품고 살아갑니다. 누군가에게는 몸에 좋은 꽃차 이상이 될 수 없고, 다른 누군가에게는 화병에 꽂고 싶은 심미적 대상일 뿐이며, 또 어떤 이들에겐 분류의 대상에 지나지 않는 작은 꽃이 온 생을 바쳐 서릿발 속에서 피어나는 것입니다. 산국을 그저 대상으로만 보는 시선과 사연을 가진 존재로 보는 시선 중에 우리 내면을 더 풍성하게 하는 것은 과연 어느 쪽일까요?

　겉모습이나 단면을 중심으로만 파악하는 방식은 익숙하고 편합니다. 하지만 배경과 사연으로 파악하는 방식은 낯섭니다. 조금 더 느리고, 더러는 어려울 수도 있지만 후자는 도법자연道法自然의 신비를 느끼게 합니다. 이 방식은 깊은 연결감 속에서 신비와 아름다움을 느끼고, 삶에 관한 근원적 위로를 얻게 합니다. 이 연결이 더 깊어지면 한결 자유로워지는 자신을 만나게 됩니다. 그곳에 단면 중심으로 타자를 봐서는 도저히 닿을 수 없는 깊고도 낯선 맛이 있습니다.

풀 한 포기를 그렇게 바라볼 수 있는 시선이 열리면 더 많은 생명으로, 또 우리 삶의 실존에 관한 다양한 주제로 시야가 넓어집니다. 이렇게 된다면 우리 삶이 얼마나 풍성해질까요?

5장

새로운 시선에 움튼 온기와 생기

그의 눈물, 환호, 비명, 아름다움….
당신의 영혼이 그의 소중한 부분들을 만나게 되면
삶으로는 더 너른 평화가 찾아듭니다.

이제 우리는 숲의 생명을 대하는 새로운 시선을 얻었습니다. 그것은 일반적인 시선에 비해 훨씬 깊고 두텁습니다. 이 시선은 꽃 한 송이가 따사로운 봄날이 아닌 시린 서릿발을 기다렸다가 피어야 하는 절박한 사정을 헤아리게 합니다. 우리가 나 아닌 존재들을 입체적으로 두텁게 마주하는 마음의 눈을 열면 삶이 한결 평화로워집니다. 이 시선은 타자 역시 나와 다르지 않은 존재임을 알게 하고, 그래서 자연스레 연민과 자비로 그들을 대하게 합니다. 누군가의, 또는 무엇인가의 더 깊은 사연을 살피는 일은 우리 영혼이 아직 닿지 못한 더 깊은 부분을 조용히 만나는 방식입니다. **나 중심**에서 **생명 중심**

으로 시선이 이동할 때, 우리의 마음과 행동은 자아라는 좁고 단단한 틀을 벗어나, 모든 생명과의 조화를 찾아가게 됩니다. 그 시선의 전환이 있었던 어느 순간부터 오랫동안 불화했던 제 삶에도 평화가 찾아오기 시작했습니다. 제 평화의 실마리는 새로운 눈의 열림에 있었습니다.

이 시선이 아직은 낯설게 느껴질 듯하여 우리에게 훨씬 친숙한 다른 생명의 배경과 사연 하나를 더 읽어보겠습니다. 봄철이 되면 밥상에 자주 올라와서 누구라도 잘 알고 있는 풀, 바로 냉이입니다. '냉이'하면 당신은 무엇이 떠오르나요? 많은 사람이 떠올리는 말을 표로 정리해봤습니다.

"냉이무침" "냉이된장국"	무쳐 먹거나 찌개 또는 국을 끓여 먹는 나물
"봄" "향기"	계절의 반가움, 향긋함의 기억

사람들은 보통 냉이를 좋은 봄나물이나, '아, 곧 봄이구나' 짐작하는 계절의 신호 정도로 연상합니다. 혹은 냉이의 특별한 향기를 떠올리는 사람들도 많습니다. 그런데 표의 아래쪽 두 줄을 비워두었습니다. 냉이에 대한 저의 시선이 두 개 정도의 또 다른 무엇을 주시하기 때문입니다. 냉이에서 우

리가 무엇을 더 떠올릴 수 있을까요?

저는 당신에게 냉이의 꽃과 열매를 보여주고 싶습니다. 경험상 냉이에서 꽃과 열매를 떠올리는 사람들은 거의 없었습니다. 어쩌면 당연한 일인지도 모르겠습니다. 숲 언저리와 들판에 서식하는 다양한 식물들의 거대한 사회에서 냉이는 아주 보잘것없는 풀이니까요. 하지만 그 작은 풀 역시 꽃을 피웁니다. 그것도 다른 식물들에 비해 매우 이른 때에. 그리고 속히 열매를 맺는 특성이 있습니다. 그렇다면 냉이는 왜 그렇게 이른 때에 꽃피고 속히 질까요? 냉이 역시 제 나름으로 감당하고 극복하고 **완수해야 할 삶의 숙제**들이 있기 때문입니다.

봄나물로 냉이를 그리워하는 사람들이 있습니다. 그들은 냉이를 언제 캐러 가던가요? 봄의 초입이라 해야 할지, 아니면 겨울의 끝자락이라 불러야 할지 모호한 그즈음일 것입니다. 한낮에는 볕이 따사롭지만, 밤에는 여전히 영하로 기온이 떨어지는 때입니다. 들에는 겨우내 쌓였던 눈이 다 녹았지만, 산 그림자 짙은 곳에는 아직 그 흔적이 드문드문 남은 때입니다. 개울물의 한복판은 얼음이 지워졌지만, 가장자리에는 아직도 얼음이 조금 남은 때입니다.

냉이는 언제 처음 싹(뿌리잎)을 틔워놓았던 것일까요? 갑자기 발아한 것은 아닐 테니 언제 그 뿌리잎을 만들어둔 것

겨울을 견뎌내고 꽃을 피워내는 냉이. ©김혜경

일까요? 이렇게 물어보면 사람들은 대개 겨울이라고 답합니다. 하지만 아닙니다. 우리가 이른 때에 만나는 냉이는 이미 지난 가을에 싹을 틔워놓았습니다. 냉이는 10월이 되면 로제트 rosette 형태의 뿌리잎을 완벽하게 갖춥니다. 따라서 냉이의 뿌리잎은 뒤이어 찾아오는 절기인 상강과 그 이후의 서릿발을 모두 견뎌내야 합니다. 곧이어 쏟아지는 눈보라, 혹독한 추위까지 다 이겨내야 합니다. 사람들이 이른 봄날 반갑게 캐 먹는 냉이는 그 시린 날들을 모두 견뎌낸 풀입니다.*

가을에 발아하는 냉이는 왜 굳이 서릿발을 견디고 북풍한설과 동토의 시절을 모두 견디는 생활사를 갖게 되었을까요? 차라리 완연한 봄날을 골라 온기 가득하고 포슬포슬해진 땅에서 발아하는 것이 사는 데에 훨씬 수월하지 않을까요? 더 편할 것 같은 삶이 아닌, 고난 가득한 날들을 건너며 꽃피는 냉이의 신비에 담긴 배경과 사연은 무엇일까요?

냉이의 사연도 다른 모든 생명과 마찬가지, 자기 삶에 놓인 절박함에서 비롯합니다. 알다시피 냉이는 키가 아주 작은

---

* 이런 방식의 생활사를 가진 식물을 '해넘이한해살이' 식물이라고 합니다. 물론 조건이 맞는 곳에서는 여름을 중심으로 사는 냉이도 만날 수 있는데, 이런 생활사를 가진 식물을 '여름형한해살이'라고 부릅니다. 이렇게 여름을 사는 냉이는 겨울을 건너는 냉이보다는 흔하지 않습니다. 요컨대 냉이는 두 가지 방식의 '생명 환'을 가지고 있습니다. 여기서 다루는 냉이는 반드시 겨울을 통과하는 해넘이한해살이 냉이라는 점을 밝힙니다.

풀입니다. 다른 식물과 높이를 다투기 어려울 만큼 낮은 키로 자라는 냉이는 무엇보다 **빛**이 매우 중요합니다. 이런 특성 때문에 냉이가 사는 주요 서식지는 밭이나 논두렁, 그와 비슷한 조건의 공터나 길가 등 양지바른 땅입니다. 이런 곳은 햇빛이 풍부하고 양분과 수분도 적당한 경우가 대부분입니다. 특히 작물의 수확이 끝난 밭은 키 작은 풀인 냉이가 살아가기에 참 알맞은 서식지가 됩니다. 다시 농사를 시작하기 전까지는 작물이 없어 햇빛을 넉넉히 받을 수 있으니까요.

살기 좋은 터를 어찌 냉이만 선호하겠습니까. 다른 풀들도 밭과 그 주변을 호시탐탐 노립니다. 경작하던 텃밭을 묵혀 본 사람은 알 것입니다. 묵히는 순간 얼마나 많은 풀이 순식간에 그 빈 공간을 앞다퉈 차지하는지. 식물 중에는 인간의 경작지와 그 주변을 서식지로 삼아 진화를 거듭해온 풀들이 있습니다. 그중에 냉이와 비슷한 높이로 자라는 풀로는 민들레, 꽃다지, 점나도나물, 보리뱅이(뽀리뱅이), 봄맞이꽃, 꽃받이 등이 있습니다. 한편 냉이보다 훨씬 키가 큰 풀들도 냉이의 서식지를 선호합니다. 흔히 볼 수 있는 풀로는 망초나 개망초, 쑥 등을 꼽을 수 있습니다. 냉이와 같은 서식지를 두고 다투는 키 큰 풀들은 어른의 허리 높이부터, 키를 능가할 만큼의 높이까지도 자랍니다. 바로 이 지점에서 냉이의 절박함이 생겨납니다. 자신과 비슷한 높이로 자라는 풀들은 서로 햇빛을 가리지 않기 때문에 냉이 입장에서 큰 위협이 되지 않습니다. 하지만 더 높게 자라는 풀들은 냉이를 완전히 가리게 됩니다. 따라서 냉이는 그들보다 먼저 자라고 꽃을 피워 신속하게 열매를 맺어야 합니다. 뒤이어 키 큰 풀들이 쑥쑥 자랄 무렵이면 냉이는 이미 맺어놓은 열매를 씨앗으로 익힘으로써 종 이음을 지켜냅니다. 이제 냉이의 사는 꼴에 영향을 미친 사연을 염두에 두고 앞에서 보여드렸던 표의 빈칸을 채워보겠습니다.

"냉이무침" "냉이된장국"	무쳐 먹거나 찌개, 또는 국을 끓여 먹는 '나물'
"봄" "향기"	계절의 반가움, 향긋함의 기억
"겨울" "시린 날"	냉이가 이겨냈을 혹한의 날들에 대한 공감과 연민
"대견함" "용기"	겨울을 겪는 자세와 용기에 대한 경외

이제 우리는 냉이의 절박한 사정까지 헤아릴 수 있게 되었습니다. 냉이를 그저 나물로만 바라보던 '잡식 생명체'로서의 눈은 확실히 깊어지고 확장됩니다. 냉이가 생의 무게와 용기의 결을 가진 생명으로 다가옵니다. 냉이를 캐려다가도 그 앞에 쪼그리고 앉아 "너의 겨울은 견딜 만했니?"라고 물을 수 있다면, 이제 그의 눈은 시인의 그것과 다르지 않다고 해도 과언이 아닐 것입니다. 나 아닌 생명을 향해 마음을 열고, 근

본적으로 다르지 않은 존재 대 존재로 연결될 때, 우리 삶은 돈 한 푼 들이지 않고도 촉촉해질 수 있습니다.

냉이 한 포기를 더 깊게 바라볼 수 있는 시선을 연 사람은 삶의 다른 영역도 깊게 바라볼 수 있게 됩니다. 이제 삶의 다른 실존적 사안들로 우리의 시선을 확장해볼까요? 한 번 더 표를 활용해보겠습니다.

냉이	밥	직장(일)	자식, 부모	성sex	신
먹거리	반찬	밥벌이	애착	쾌락	있다, 없다
봄, 향기	에너지	지겨움	사랑(효도)	임신	구원
겨울, 인내	어머니, 가족	성과, 승진		사랑, 소통	
대견함					

당신에게 밥은 무엇입니까? 밥에서 무엇을 연상하며, 그것을 어떻게 대하고 있습니까? 직장은 당신에게 무슨 의미입니까? 당신에게 자식이나 부모는 어떤 의미입니까? 성은? 그리고 신은?

표에 이미 채워놓은 단어들은 강연을 통해 청중에게서

얻은 대답을 제가 축약한 것들입니다. 어떤 이는 밥을 단순히 에너지 수준으로 대할 때, 또 어떤 이는 밥 앞에서 '어머니'를 그리워하고 '가족'을 떠올린다고 했습니다. 일에 대해 말할 때, 대부분은 밥벌이의 '지겨움'을 노출했고 몇몇은 '승진' '성과' 등의 단어를 말했습니다. 자식과 부모를 말할 때는 깊은 애착과 사랑이 가장 먼저 언급되었습니다. 성은 가장 다채로운 대답이 쏟아졌습니다. 장난기 어린 중년 남성 한 분은 '배설'이라고 답했습니다. 그 옆의 누군가는 '불륜'이라는 단어를 내뱉었고, 많은 사람의 대답이 '쾌락'으로 수렴했습니다. 반대로 중장년 여성층에서는 '의무' '고통'이라는 답도 심심찮게 나왔습니다. 한편 30대 남녀의 답변에서는 '임신' '사랑' '소통' 같은 단어들이 자주 등장했습니다. 신이라는 단어를 놓고는 '유무'를 말하는 이들이 많았고, '구원'을 힘주어 말하는 이들도 늘 있었습니다.

이제껏 들어보지 못한, 한결 멋진 답변으로 채워지길 바라며 표의 아래쪽 칸들을 비워두었습니다. 삶을 더 풍성하고 촉촉하게 할 새로운 시선으로 당신이 채워보기를 바라는 영역입니다. 저의 단어들은 따로 있습니다. 예컨대 저는 김이 모락모락 나는 밥 앞에서 늘 '평화'를 느낍니다. 나머지 저의 답변들은 이 책의 결론 부분에서 공개하겠습니다. 빈칸을 채울 당신의 단어들이 궁금합니다.

6장

숲의 지혜를 마주하기 위해

삶을 사랑으로 채우고 싶다면
함께 기뻐하고 울 수 있는 가슴이 열려야 합니다.
공부에 더 맑은 침묵이 있어야 하고,
삶이 곧 공부가 되어야 합니다.

3장에서 우리나라의 교육 현실이 아동, 청소년을 시들게 하고 있다고 짧게 짚었습니다. 이번 장에서는 우리가 하는 공부에 대해 조금 더 근본적인 이야기를 해보겠습니다. 공부가 삶을 기쁘게 하는지, 그렇지 못하다면 무엇이 잘못되었고 어떻게 새로이 접근해볼 수 있는지, 그리고 그것이 숲과 생명, 우리의 삶에 어떻게 연결되는지.

대한민국은 '공부의 나라'입니다. 대다수 사람은 어려서부터 젊은 시절까지 지독하게 공부로 내몰립니다. 그렇게 해서 삶을 기쁨으로 채울 수 있다면 그나마 다행한 일일 것입니다. 하지만 결과는 그렇지 않습니다. 중요한 예로 우리는 경제협력개발기구 회원국 중 자살률이 1위인 나라입니다. 게다가 10대부터 30대의 주요 사망 원인이 자살입니다.* 참으로 비극적인 상황입니다. 반면 출생률은 거의 세계 꼴찌인 상황에 이르렀습니다. 장밋빛 미래에 대한 기대를 품고, 역사상 가장 강도 높은 압박 속에 공부하고 성인이 된 세대가 결혼과 출산을 피하고 있습니다.

여리고 푸른 시절, 온 열정과 막대한 비용을 오직 각종 시험공부에 쏟아붓고도 개인들의 삶이 예전보다 훨씬 좋아졌다는 증거는 별로 없습니다. 그토록 열심히 공부해서 좋은 (돈을 많이 벌 수 있거나 권력을 가질 수 있거나 안정적인) 직장을 얻은 뒤라면, 이제 그의 삶은 자신과 세상을 사랑할 힘이 더욱 커지고, 매우 평화롭고 기쁨이 넘쳐야 하지 않나요? 아쉽게도 저는 그런 삶을 살고 있다는 이들을 제대로 만나본 적이 없습니다. 아직도 채워야 할 목록으로 가득한 삶을 위해 날마다 분투해야 한다고, 이유 모를 불안이나 우울감과 동행하고 있는 편이라고 말하는 사람들의 소식을 더 자주 듣습니다.

* 통계청,《한국의 사회동향 2023》, 통계개발원, 2023.

자신의 소중한 젊은 날들을 통으로 갈아 바친 공부와 그것이 이룬 성취가 그의 삶을 구하지 못하는 아이러니라니!

공부가 삶을 구하지 못하는 이유는 무엇일까요? 공부가 삶을 기쁘게 하기보다 오히려 우월감 또는 열등감을 키우는 과정이 된다면, 생명 본성을 제약하고 삶을 불안과 우울에 시달리게 한다면, 심지어 자기학대로까지 이어진다면, 그러한 공부는 얼마나 몹쓸 짓인가요?

그래서 공부를 통해 우리가 진짜 얻어야 할 것은 무엇인지, 또 삶의 기쁨과 연결될 수 있는 공부는 어떤 공부이며, 어떤 채널로 접근해야 하는지 살펴보려 합니다. 이를 바탕으로 더 넓은 자유와 평화를 안겨줄 숲의 지혜와 마주하기 위해서 우리는 어떤 방법론을 취할지도 정리해보겠습니다.

공부가 삶을 구하지 못하는 이유야 여러 가지겠지만*, 공부의 방향에 관한 문제를 먼저 짚고 넘어가고 싶습니다. 오늘날의 공부는 삶의 진실한 방향과 우선순위에 대해 깊이 생각

* 한국의 교육 문제를 거시적, 구조적 관점에서 접근하고 그에 따라 개혁 방향을 제시하는 내용은 다음 책을 참고하기 바랍니다. 김누리, 《경쟁 교육은 야만이다》, 해냄, 2024.

할 기회를 얻지 못한 상황에서 타력에 의해 떠밀리듯 이루어지는 경우가 대부분입니다.

방향은 늘 출발점(나)을 필요로 합니다. 방향을 잡으려면 먼저 내 위치(내가 누구이고 어디에 있는지)가 좌표에 잡혀야 합니다. 다음으로는 도달하려는 지점이 있어야 합니다. 어떤 이가 공부를 통해 도달하려는 지점을 설정하면 그곳에 이르기 위한 여정을 시작할 것입니다. '좋은 직장에 취직하기'가 목표라면 거기에 필요한 공부를 해나갈 것입니다. 그런데 만약 그가 '삶을 사랑하며 기쁘게 살기'를 목표로 설정한다면 어떻게 될까요? 이제 그는 사랑을 비중 있게 공부할 것입니다. 또한 그의 공부에는 반드시 '자신에 관한 탐구'가 포함될 것입니다. 그는 기쁨을 누리기 위해 기필코 **내가 누구인지** 알고자 노력할 것입니다.

누군가를 흉내 내어 잠시 즐거울 수는 있을 것입니다. 그러나 자신으로부터 멀어진 상태에서는 더 근원적인 감정인 기쁨을 얻기 어렵습니다. 예컨대 버드나무는 버드나무로 살아야 기쁘지, 소나무 흉내를 내며 사는 것으로 기쁠 수 없습니다. 찔레는 장미 흉내를 내지 않습니다. 식물 저마다가 피우고 있는 모든 꽃은 본성의 발현입니다. 우리는 그 본성이 아름답게 발현되는 것을 마주할 때 감탄하고 감동합니다. 우리가 아름다운 예술 작품에 마음을 빼앗기는 것도, 진심으로 자신의 세계를 이룬(혹은 이뤄가고 있는) 사람들의 이야기에 감동하는 것도 같은 이유입니다.

저는 '즐거움'과 '기쁨'이란 말을 구분합니다. 즐거움은 우리 마음의 표층에서 일어서는 감정입니다. 한편 기쁨은 마음의 근원으로부터 발원하는 감정입니다. 예컨대 당신이 십 년 동안 사무치게 그리워했던 누군가를 만났을 때, 당신의 감정을 표현하는 데에 더 적절한 말은 '즐겁다'와 '기쁘다' 중 무엇일까요? 기쁨은 자신의 가장 깊숙한 자리에서 솟구쳐 오르는 감정입니다. 그것은 과시적 소비, 게임, 알코올이나 약물 중독, 무분별한 음란 행위 같은 것으로부터 얻을 수 있는 즐거움과는 근본적으로 다릅니다. 그것은 단순한 감각적 쾌감이 아니라, 존재 깊숙한 곳에서 울려 나오는 환희입니다.

저는 사랑하는 사람의 얼굴을 바라만 봐도 기쁩니다. 숲의 인문학을 강의할 때 저의 말을 귀담아듣는 이들을 보면 또한 매우 기쁩니다. 보도블록의 틈새에서 보행자들의 발걸음을 이겨내고 피어난 땅빈대의 꽃을 만날 때에도 기쁩니다. 고독과 침묵 속에서 노을과 밤하늘의 별을 우러를 때에도, 때 묻지 않은 아이들의 표정과 웃음을 마주할 때에도 기쁩니다. 계곡의 맑은 물소리와 아름다운 새소리를 듣고, 펑펑 내리는 함박눈을 볼 때도 기쁩니다. 이 모든 풍경과 어울려 느리게 걸을 때의 기쁨은 이루 말할 수 없을 정도입니다.

공부는 기쁨이라는 목적을 위해 복무해야 하는 것이지 그 반대여서는 안 됩니다. 생각해보면 돈도, 공부도 다 기쁘게 살기 위한 수단이 아니던가요? 한 번밖에 살 수 없는 인생에서 수단을 위해 목적을 소홀히 하는 삶을 살다가 떠난다면 그 생은 얼마나 불행한가요?

다음으로 짚을 것은 이 시대의 공부가 주로 지식만을 향하고 지혜로는 나가지 못한다는 점입니다. 공부를 통해 지식만을 얻는 것이 아닙니다. 지식만 갖추게 하는 공부는 반쪽도 되지 않는 공부입니다. 생각해보십시오. 법 조항이 모자라 세상이 이토록 어지러운 것인지. 우리 삶이 끝도 없이 온갖 것들과 부대끼는 것이 지식이 모자라서인지. 많은 사람이 한없는 결핍감에 시달리는 까닭이 정말 돈이 모자라서인지. 우리가 온전히 사랑하지 못하고 자꾸 사랑에 발 걸려 넘어지는 이유가 내 사랑에 아픔이 찾아와서인지, 아니면 내 사랑에는 아픔이 없기를 바라서인지.

인공지능AI의 시대인 오늘날에는 온갖 지식이 차고도 넘치며 그에 접근하는 것도 크게 어렵지 않습니다. 문제는 지혜의 부족입니다. **지혜를 얻을 수 있는 공부**야말로 삶을 구할

지식	지혜
재료(수단)	완성(목적)
인과(분별)	이치(합일)
표층(중층)	심층(근원)
앎(부분)	깨달음(전체)
도구적 이성	자유

수 있는 **진짜 공부**입니다. 지식을 통해 우리는 기껏해야 도구적 이성을 획득할 뿐이지만, 지혜는 우리를 자유의 세계로 안내합니다. 지식은 온갖 것을 구분하고, 그 인과를 파악하는데에 주력합니다. 그러다 보니 지식은 주로 실체의 표층, 조금 더 나아가 중층 정도만을 더듬게 됩니다. 한편 지혜는 이치를 터득하고 깨달아 그 이치와 합일하려 합니다. 지혜는 심층과 근원에 닿고자 합니다. 결국 지식은 (부분을) 아는 것, 지혜는 (전체를) 깨닫는 것을 그 핵심으로 합니다(위의 표 참조).

공부에는 여러 채널이 있습니다. 현대인이 익숙하게 사용하는 채널은 주로 **머리**(사고)입니다. 지독한 책벌레들이 제 주변에도 있습니다. 그들은 숲을 책으로 샅샅이 알고자 합니다. 그들은 도감이 제공하는 분류학 지식에 의존하여 식물, 동물의 이름을 줄줄 외고 기억해냅니다. 그렇다고 해서 그들이 생명을 잘 느끼느냐 하면, 그렇지 않은 경우가 더 많았습니다.

앞서 산국과 냉이의 사연을 마주할 때 열었던 채널이 바로 두 번째 채널, **가슴**(생태적 감수성)이었습니다. 주로 머리 중심으로 숲과 생명을 파악하는 데 주력하는 사람들은 생명에게서 감탄이나 신비, 연민, 아름다움 등을 만나지 못합니다.

세 번째 채널은 **삶**(실천)이라는 채널입니다. 작고하신 저의 어머니는 일생을 무학, 문맹으로 사셨지만 삶에 대한 지혜로 가득한 분이었습니다. 어머니에 얽힌 아득한 날의 기억이 한 자락 있습니다. 농촌과 산촌의 인구가 도시로 빨려 들어가기 전인 저의 유년 시절에는 산골 마을에도 꽤 많은 사람이 살았습니다. 대다수가 가난해서 의식주와 관련한 모든 게 지금보다 훨씬 귀했던 때입니다. 이따금 거지들이 떼를 이뤄 떠돌다가 마을을 방문하여 동냥했고, '상이용사'라 불리는 사람들이 빨랫비누 같은 생활품을 팔자고 우르르 마을로 찾아오기도 했습니다.

어린 저는 두 패거리 모두가 낯설고 무서웠습니다. 서로가 가난하던 시절이라 무엇 하나도 마음 놓고 살 형편이 아니었습니다. 담은 없고 낮은 울타리만 겨우 있던 시절에 마을 사람들은 외부인들에게 쉽게 호응하지 않았습니다. 대개 문을 닫고 밖으로 나오지 않았습니다. 밖의 아우성은 갈수록 커지고 저는 마음이 조마조마했습니다. 그때마다 어머니는 박

으로 만든 바가지에 보리쌀을 가득 담아 제게 건네주시며 그
들에게 가져다주라고 하셨습니다. 우리도 가난하여 양말도
없이 겨울을 나고, 기운 옷을 입고 살던 형편인데 어머니는
왜 그랬을까요. 무섭기도 하고 의아하기도 해서 가지 않겠다
고 투정하면 어머님의 답이 돌아왔습니다. "절박해서 그런 게
다. 저 사람들이 절박해서, 살 방도가 저것밖에는 없어서. 난
리통에 우리는 운이 좋아 멀쩡한 것이고, 저들은 운이 나빴던
것뿐이여. 음지가 양지 되고, 양지가 음지 되는 것이라 했다.
서로 돕고 살아야 사람이지! 냉큼 가져다드리고 와."

어머니는 책 한 줄 읽은 적 없지만, 사람의 도리가 무엇인
지 제게 다양한 일을 통해 가르쳐주셨습니다. 그 지혜는 살아
내면서 자연스레 터득한 것이었습니다. 어머니는 또한 연민
이 가득한 분이었습니다. 머리만이 아니라 가슴과 함께 세상
을 살아냈기 때문입니다.

공부에는 하나의 채널이 더 있습니다. 그것은 문자나 말
로 성립하지 않는 채널입니다. 저는 이것을 **영적 채널**이라 부
릅니다. 한없이 마음이 고요할 때, 묵상하거나 기도할 때, 모
든 순간에 깨어 있는 상태로 머물 때, 자신으로부터 일순간도
분리되지 않고 지금으로부터 잠시도 멀어지지 않을 때, 느닷
없이 들려오는 깨우침의 소리를 만날 수 있는 채널입니다. 그
것은 말보다 앞선 진동이며 이성이 따라갈 수 없는 직관의 빛

입니다. 이 채널은 제게 삶의 근원을 바라볼 수 있는 눈을 뜨게 했습니다.

지금까지의 이야기를 한번 정리해보겠습니다. 삶을 사랑하게 하는 숲을 만나기 위해 우리가 열어야 할 공부의 채널은 무엇일까요? 그것은 머리로부터 가슴, 삶을 통한 실천, 그리고 영적 채널, 모두 다입니다. 지식을 얻고자 한다면 주로 머리를 열면 됩니다. 하지만 숲을 거닐며 나와 나 아닌 생명을 연결함으로써 기쁨을 얻고자 한다면, 우리는 반드시 연민의 마음을 작동시킬 수 있어야 합니다. 나아가 그 마음을 기꺼이 실천하면서 자주 고요 속에 머물 수 있어야 합니다.

공부의 채널, 목적 등에 관해 이렇게 관점을 정리해두는 까닭은 이것이 삶을 사랑하게 하는 숲을 본격적으로 만나기에 앞서 꼭 짚어두어야 할 '숲 공부 방법론'이기 때문입니다.

2부

잊어버린
모든 생명의 초상

7장

삶의 근원을 만나기에 앞서

명상하는 마음으로 나무를, 사람을 마주하게 되면
그때부터 신기한 일이 벌어집니다.
애쓰지 않아도 찾아오는 넉넉함과 저절로 마주하게 됩니다.

　　나무와 마주해본 적이 있나요? 마치 매혹적인 노래 한 곡
을 듣듯이, 한 권의 깊이 있는 책을 읽듯이, 사랑하는 존재의
마음을 살피듯이. 속리산 입구에 사는 정이품송처럼 세상에
널리 알려진 존재가 아니어도 상관없습니다. 심지어 그 나무
의 이름을 몰라도 괜찮습니다. 출퇴근길에 마주치는 가로수
여도 좋고, 약속 장소에 먼저 도착해 누군가를 기다리다가 무
심코 눈에 들어오는 나무여도 좋습니다. 아니면 산책이나 여
행 중에 잠시 멈춰 선 자리에서 우연히 눈에 들어오는 나무
여도 상관없습니다. 사찰, 궁궐, 집 마당, 일터의 화단, 가까운
공원 등 어디든 괜찮습니다. 가만히 내 눈길을 끈 나무 앞에

서서 그 나무를 깊이 마주하는 것입니다.

　시선은 아주 천천히 옮기는 것이 좋습니다. 그 나무가 땅에 붙박고 서 있는 뿌리 근처의 둥치로부터 시작해 줄기로, 줄기에서 갈래를 치며 옆과 하늘로 뻗은 가지로 아주 느리게 눈길을 옮깁니다. 다시 푸른 이파리(가을이라면 단풍잎, 겨울이라면 나목으로 서 있는 나뭇가지와 그 가지에 달린 잎눈과 꽃눈), 이윽고 가장 높은 자리의 가지들 끝이 하늘과 만나 이루는 우듬지까지 닿습니다. 다정한 시선으로 그 나무를 살펴보는 것입니다. 마치 어린아이가 팔랑대는 나비나 꿈틀대는 지렁이에게 온 정신을 맡기듯이.

　나는 나무들이 꽃을 잔뜩 피워놓고
　열매가 생기기를
　우두커니 서서 기다린다고 생각할 수가 없다.

　사방에서 벌이 잉잉거릴 때
　꽃들은 먼발치서 달려오는 벌을 맞으러
　하나씩 문을 열 것이다.
　꽃송이 하나하나가
　마침 파고든 벌을 힘껏 껴안는
　이 팽팽함!

배나무나 벚나무 상공에서

새들은 땅 위에서 환한 구름이 일어나는 것을 보고

잠시 천상과 지상을 잊을 것이다.*

시인 황동규의 섬세한 시선이 빛나는 시입니다. 시인은 새의 시선으로 꽃이 피는 광경을 "땅 위에서 환한 구름이 일어나는 것"과 같다고 표현합니다. 그 환한 구름은 나무와 꽃과 벌들의 능동적 역동이 빚어내는 거랍니다. 그는 한 그루 나무를 깨어서 바라볼 줄 아는 사람일 것입니다. 우리가 이런 자세로 주변 존재들을 마주해볼 수 있다면, 애쓰지 않고도 풍요로움을 느낄 테지요. 자본주의 사회에서 소비의 쾌감에 자리를 빼앗긴 근원적 기쁨이 우리 안에 희미하게라도 다시 살아나겠지요.

저는 나무가 이룬 성취, 바로 **열매**와 **씨앗**을 살피는 것을 특히 더 좋아합니다. 숲에 머물러 살기 시작한 이후로 꽤 오랫동안 열매와 씨앗에 눈길과 마음을 준 적이 있었습니다. 그

* 황동규, 〈꽃 2〉, 《삶을 살아낸다는 건》, 휴먼앤북스, 2010.

때 열매와 씨앗을 대하는 태도는 명상과 같았습니다. 그 명상 같은 대면을 통해 저는 씨앗이 상징하는 삶의 근원적 진실에 관해 중요한 통찰을 얻었습니다. 그 통찰을 전하기에 앞서, 지식 혹은 과학 세계와의 혼선을 피하기 위해서 두 용어의 차이에 대해 잠시 짚고 넘어가겠습니다.

알다시피 우리가 흔히 먹는 사과는 열매입니다. 사과의 씨앗은 사과를 절반으로 잘랐을 때 그 중심부에서 만날 수 있습니다. 사과씨는 거뭇하고 반지르르하며 껍질이 단단합니다. 크기는 과육의 부피에 비해 턱없이 쪼끄마합니다(상대적으로 아주 커다란 아보카도의 씨앗을 떠올려보세요). 이렇게 열매와 씨앗을 구분하는 일이 간단한데 왜 용어 정리가 필요할까? 식물학적 정의와 대중의 오랜 정서적 표현 사이에서 빚어지는 혼란이 있기 때문입니다.

예컨대 무르익은 가을날 길을 걷다가 구릿한 냄새를 풍기는 은행과 마주한 경험이 누구나 있을 것입니다. 땅바닥에 떨어져 있는 그건 열매일까요, 씨앗일까요? 이 물음에 "그 안에 '은행알'이라는 씨가 있는 열매지"라고 대답한다면, 우리의 전통과 정서로는 맞는 구분이겠지만 과학의 기준에서는 오답이 됩니다. 즉, 은행을 열매와 씨로 구분하면 식물학적으로는 틀린 표현이 됩니다. 사과처럼 구분한다면 은행알 바깥의 물컹하고 독특한 냄새가 나는 노란색 부분은 과육이고,

그 안에 우윳빛의 단단한 껍질로 둘러싸인 은행알 부분을 씨라고 불러야 할 것입니다. 하지만 식물학은 그 전체를 합쳐서 씨앗이라고 부르니 은행에는 과육이 없는 셈입니다.

식물학에서 씨앗seed은 다음 세대, 즉 새로운 식물로 자랄 부분을 일컫습니다. 열매fruit는 씨앗을 포함하면서 과육과 그걸 감싸는 껍질rind의 구조를 갖춘 기관으로 정의합니다. 열매는 감이나 복숭아와 같이, 씨방이 발달하고 성숙하여 이루고 있는 결실 형태를 이르는 말입니다(이 경우는 참열매). 물론 사과나 배처럼 씨방 이외의 부분도 함께 자라서 열매가 되는 것도 있습니다(이 경우는 헛열매). 따라서 식물학적으로 열매라 부르려면 씨방이 성숙해서 맺는 결실이어야 하는데, 씨방은 속씨식물에만 있고 은행나무나 소나무 같은 겉씨식물에는 없습니다. 그래서 은행도, 비늘조각 하나하나에 씨앗을 품고 있는 솔방울도 열매가 아닌 씨앗으로 구분되는 것입니다.

꽃에 관한 정의도 그렇습니다. 식물학에서 꽃은 속씨식물의 생식기관을 일컫는 말입니다. 소나무 같은 겉씨식물의 그것은 자성구화수, 웅성구화수 같은 어려운 말로 지칭합니다.*
이는 그야말로 '그들만의 리그'에서 통용되는 말입니다. 그렇게 고립된 용어들을 접할 때마다 안타깝습니다. 식물학을 포함한 근대 학문이 식민지 시절 (주로 영국으로부터 전수된) 일본의 전통에 기댈 수밖에 없었던 사연이 고스란하기 때문입니다. 식민의 억압과 이식에서 벗어난 지 100여 년이 지났는데도, 우리의 식물학은 혼란스럽고 어색한 용어들에서 벗어나보려는 노력을 게을리한 것은 아닌지 아쉬운 마음이 들기 때문입니다.

꽃과 열매의 용어와 관련해서, 저는 식물학의 엄밀한 기준을 따르지 않을 것이라는 점을 미리 밝힙니다. 왜냐하면 우리가 수천 년 동안 공유해온 '꽃' '열매' '씨앗'이라는 말로도 충분하기 때문입니다. 다만 '민들레 홀씨'는 예외입니다. 민들레 씨앗을 '홀씨'라고 부르는 대중적 용례를 거슬러 '민들레의 씨앗'으로 사용합니다. 민들레의 씨앗을 홀씨라 부르는 것은 혼란을 줄 수 있는 잘못된 표현이기 때문입니다.** 홀씨는 한자로는 포자胞子라고 씁니다. 이는 고사리나 이끼 같은 식물, 곰팡이나 버섯 등의 균류 같이 무성생식을 하는 식물이 만드는 생식세포를 이르는 말입니다. 반면 민들레는 꽃을 피우고 유성생식으로 번식하는 식물입니다. 따라서 민들레의 꽃이

---

* 이규배, 〈식물형태학에서 사용하는 종자식물의 생식구조에 관한 한글 용어의 분석〉, 《조선자연과학논문집》 제1권 3호, 조선대학교 기초과학연구원, 2008.
** 홀씨라는 호칭의 배경에는 대중에게 오래도록 사랑받았던 〈민들레 홀씨 되어〉라는 노래가 끼친 영향이 꽤 클 것입니다.

맺은 결실을 일컫는 말은 홀씨가 아니라 씨앗이어야 진짜 홀씨(포자)와 혼동하지 않게 됩니다. 그러니 '민들레 홀씨'라는 말은 일상적으로 친숙하고 어감이 좋을 수는 있으나, 명백히 다른 대상을 지칭하는 것으로 숲과 대면하는 일에서는 혼란을 일으킬 수 있습니다.

　몇 가지 용어와 관련하여 상세히 정리한 이유는 앞으로 이어갈 주제에서 해당 용어가 등장할 때 조금 더 부드럽게 이해하기 위해서입니다. 사전 작업이 끝났으니 이제 삶의 근원적 진실이 담긴 씨앗을 두고 명상 같은 대면을 통해 얻게 된 몇 가지의 통찰을 이야기해보겠습니다.

8장

발아하는 우주,
그 가능성에 대하여

자기 자신을 의심하는 이라면 꼭 기억할 것이 있습니다.
우리는 모두 온전한 한 톨의 씨앗이었으며
자기로 피어날 위대한 가능성을 품은 존재들이라는 점입니다.

그믐으로 기울어 사라졌던 달이 다시 차올라 만월이 되는 과정을 알아채는 사람이라면 삶에 관한 준엄한 진실 하나쯤은 너끈히 깨달을 수 있을 것입니다. 그 무한 반복의 운동을 보며 우주가 수렴과 확산, 순환의 리듬 위에서 움직이고 있다는 사실을 알아챌 수 있을 것입니다. 음울한 날은 희망찬 날로 새 길을 내지만, 그 길은 언제 그랬냐는 듯 다시 회의의 어둠 속으로 빠져들 수 있습니다. 새옹지마의 고사처럼 인생이 수많은 모순과 반전, 역설과 통합으로 점철되는 것이라는 진실도 차차 깨닫게 됩니다.

세계를 인식하고 설명하는 데에 있어서 서양이 경험적,

실증적인 방식에 무게를 두어 왔을 때, 동아시아의 전통은 유비추리를 하나의 중요한 방편으로 삼았습니다. '흡사한 사례들에 견주어 궁극의 이치를 헤아리는 방법'은 실증을 따르는 방식보다 정밀한 맛이 덜할 수 있습니다. 하지만 그 속에는 간결함과 대담함이 있습니다. 예컨대 밀물과 썰물, 달의 차오름과 기욺, 계절의 순환에서 삶의 준엄한 진실을 가늠하는 식입니다.

꽃의 생애를 통해 도달한 통찰인 '화무십일홍'은 매우 간결합니다. '열흘 동안 붉은 꽃이 없다'라는 이 말은 꽃으로부터 자연의 질서와 리듬에 관한 중요한 단서를 포착한 뒤, 팽창하고자 하는 욕망에 필연적 한계가 있다는 불변의 이치를 제시합니다. '권불십년'이라는 격언 또한 그렇게 찾아졌을 것입니다. 노자가 '상선약수'를 말한 것도 물을 깊게 살핀 뒤 물에 견주어 선의 궁극적 이치를 추상화한 예라 할 수 있습니다. 깊이 있는 추상의 전통은 불교의 선禪*적 가르침에서 더 환하게 빛납니다. 가령 영산회상의 설법에서 부처가 우주 진리에 대한 가르침을 전하기 위해 연꽃 한 송이를 들어 올리자 염화미소로 화답한 마하가섭摩訶迦葉(가섭존자)과의 일화, 조주종심趙州從諗(조주선사)의 '뜰 앞의 잣나무' 같은 표현 역시 이런

* '마음을 가다듬어 번뇌를 끊고 진리를 깊이 생각해서 무아의 경지에 드는 일'을 뜻합니다.

전통이라 하겠습니다. 유학의 전통 역시 그러합니다.*

　　두 전통 중에서 어느 전통이 더 탁월할까요? 진작 서구적 방법의 압도적 승리로 판명이 난 듯합니다. 우리나라의 경우, 전통적 사유는 서구적 근대화와 함께 이제 그 명맥이 거의 끊어졌습니다. 수천 년을 이어온 우리의 전통적 관점은 설 자리를 잃고 말았습니다. 일부 연구자들의 고투만이 있을 뿐, 대중에게서는 그런 전통이 외면받은 지는 오래되었습니다. 초·중등교육 과정의 도덕이나 윤리 과목에서 티끌만큼이나 다룰까요. 철학과가 점점 사라지고 있는 대학에서는 교양과목에서 겉핥듯이 다루고 있기는 할까요.

　　이러한 측면은 숲을 이해하는 방식에서도 똑같이 적용됐습니다. 우리나라에 대학이 들어서고, 그 안에 임학과(산림자원학과, 산림과학부 등으로 명명)가 생기면서 숲이 서양 과학(생물학, 생태학, 병리학 등)을 만났습니다. 학생들은 모두 서양 과학의 시선과 방법에 기대어 숲과 생명, 생태계를 주로 자원의 관점에서 바라보기 시작했습니다. 잘게 나누어 세세히 살피는 서양의 방법론은 규명하려는 대상을 체계적으로 파악할

---

* 이를테면 격물치지格物致知의 이상처럼 우주 만물의 근원적 실체와 그 운행 원리를 추상화하려는 지적 지향은 유학의 사유체계 안에서 다양하게 구현되어 왔습니다. 특히 성性과 리理와 기氣, 태극太極과 음양陰陽과 오행五行, 그리고 상수역학象數易學과 의리역학義理易學을 모두 품은 《주역》은 그 지향의 철학적 결정체를 품고 있습니다.

수 있도록 도와줍니다. 알다시피 서양 과학은 탁월한 강점을 지니고 있습니다. 오늘날의 과학 기술은 유전자도, 뇌 속의 특정한 시냅스도 매만질 수 있을 만큼 정밀해졌습니다. 아마도 세밀함과 명료함, 이 두 가지가 서양적 방법론의 가장 큰 강점일 것입니다.

하지만 서양적 전통은 부분에는 강하지만 전체에는 약합니다. 보이는 것, 실험할 수 있는 것에는 매우 능하지만 숨겨진 것, 실험할 수 없는 것에는 맥을 못 춥니다. 변수를 통제할 수 있는 상황에서는 탁월하지만, 통제할 수 없는 변수가 있을 때에는 난감해합니다. 이는 곧 '부분으로 나누어 각각을 세세히 규명한 뒤, 그 부분들을 다시 합치면 전체를 설명할 수 있다'는 환원주의reductionism의 전제에서 비롯된 한계입니다. 이 방법론은 '전체는 부분의 합보다 더 클 수 있다'는 통찰을 품고 있는 우리의 전체론적holism 방식과 결합할 때 더욱 온전해질 수 있을 것입니다.

우주론cosmology을 예로 들어보겠습니다. 우주는 어떻게 탄생했을까요? 서양의 전통에서는 오랫동안 신의 창조에 기대었다가, 과학의 발전을 토대로 오늘날에는 빅뱅 이론으로 대략 합의한 듯합니다. 하지만 과학자들 누구도 빅뱅 이전에 관해서는 설명하지 못합니다. 반면 중국 북송대의 사상가 주돈이周敦頤는 《태극도설太極圖說》을 통해 우주를 '무극이태극無極而

太極'이라고 추상화했습니다. 태극도는 우주 만물이 태극의 원리를 따라 생성되고 움직이고 있음을 대담하고 간명한 그림과 짧은 해설로 알려줍니다.

요컨대 더 온전한 실체와 진실은 서양이 지닌 세밀함과 명료함에 전일성을 향한 동양의 대담한 추상이 함께 어우러질 때라야 제대로 드러날 수 있습니다. 숲에 대한 접근도 마찬가지입니다.

봄철 숲의 옹달샘 근처에서 흔하게 발견되는 도롱뇽의 알이나, 낙엽 틈새에 놓인 한 톨의 도토리를 바라보다가 저는 가끔 빅뱅을 떠올리고 태극의 질서를 사유합니다. 동양적 전통의 대담한 추상과 서양의 환원주의가 지닌 세밀한 구체성을 하나로 직조해 바라볼 때, 그저 작고 연약해 보이는 한 톨의 씨앗과 알 하나가 사실은 우주의 법칙과 생명의 신비를 내포한 압축된 세계임을 알게 됩니다. 그 안에 깃든 생명은, 그 생명을 살아 있게 하거나 때로 죽게도 만드는 수많은 외적 요인들과 얽히고설키며 그 자체로 정교하게 짜인 우주의 일부가 됩니다. 결국 **숲이라는 작은 세계**는 광대한 우주를 비추는 하나의 거울입니다.

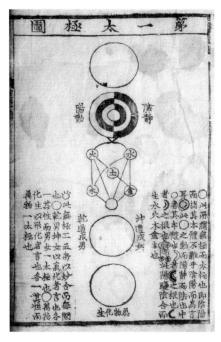

《성학십도》의 제일태극도. ⓒ한국학중앙연구원

숲이 우주의 작은 전사傳寫이듯, 씨앗 역시 우주의 본질을 압축해 품고 있습니다. 과학의 렌즈로 보면 씨앗은 구체적인 구조와 기능을 갖춘 그 무엇으로 설명됩니다. 과학은 씨앗이 지닌 신비와 가능성, 그리고 신성함을 담아내지 못합니다. 그 결과 나누고 합쳐서 전체를 규명해보려는 태도로 발아의 조건을 설명합니다.* 씨앗의 구조는 껍질(종피)과 배젖(배유), 씨눈(배아)으로 되어 있습니다. 껍질은 씨앗 내부를 보호하고 배젖은 씨눈이 발아하는 데에 필요한 양분을 제공합니다. 수분과 산소, 온도, 빛이 씨눈의 발아에 가장 중요한 네 가지 조건이라고 과학은 말합니다. 이것들이 갖추어질 때까지 씨앗은 작동하지 않고 그저 휴면합니다.

하지만 우리의 관점으로 씨앗(알)을 보면 근원적인 질문에 도전해볼 수 있습니다. 저의 시선에서 도롱뇽의 알은 일부 과학자들이 상상하는 빅뱅 직전의 '우주 알cosmic egg'과 같습니다. 또한 씨앗은 무극이면서 태극인 상태를 완벽하게 상징합니다. 빅뱅 이론은 우주의 탄생이 어떻게 가능했고, 어떻게 팽창과 수축의 과정을 거쳐 지금까지 흘러왔는지를 설명할 수 있지만, 왜 그것이 있어야만 했는지는 설명하지 못합니다. 하지만 우리 전통에서는 그것을 **이**理라는 한 음절의 말로 설명합니다. 이 말을 '불사연이연不使然而然'이라 풀어볼 수도 있습니다.** '그러라고 시킨 적이 없지만 그렇게 되는 것'이라는 말입니다. 이 말을 주재하는 자리에 (행여 무엇이 있다면) 서양의 개념으로는 신을, 우리의 말로는 하늘天을 두어도 될 것입니다. 서양이 빅뱅 이후 우주의 전개 과정에 대해 정교하게 설명하는 부분을 《태극도설》은 태극을 상징하는 원 아래의 그림들로 간명하게 설명했다고 볼 수 있습니다.

* 이경준, 《수목생리학》, 서울대학교출판부, 1997.
** 한형조, 《왜 조선 유학인가》, 문학동네, 2008.

한의학 전통에서 용어를 빌리자면 씨앗은 **원기**元氣 그 자체입니다.*** 달리 말하면 씨앗은 모든 가능성을 응축해둔 생명의 근원 자리입니다. 그 작디작은 내부에 우주의 생성과 변화 원리를 오롯이 담고 있습니다. 태극의 운동 원리를 따라 만물과 상호작용하면서, 자신의 도道를 실현해나갈 힘을 지닌 원기 덩어리가 바로 씨앗입니다.

씨앗은 그 존재가 펼쳐내고 실현할 가능성의 **모든 힘과 계기를 이미 담고** 있습니다. 씨앗의 종류에 따라 다르긴 하지만, 환경 조건이 맞지 않으면 발아를 유보하고 휴면 상태로 몇 개월에서 몇백, 몇천 년까지도 자신을 지킬 힘을 품고 있는 것이 씨앗입니다. 일단 껍질을 벗고 나오면 필연적으로 마주해야 할 난제들을 스스로 풀고 꽃을 피워내고 열매를 맺을 힘, 새로운 씨앗을 다른 세상으로 떠나보낼 힘, 더 큰 우주인 숲의 한 자락을 담당할 힘. 씨앗은 이 모든 힘을 이미 가지고 있습니다. 사람이라는 존재의 씨앗 역시 그 본질에 있어 무엇이 다르겠습니까.

앞서 말한 도토리 한 알을 떠올려보십시오. 그 안에는 이

*** 〈표준한의학용어집〉, 대한한의학회, 2021.

미 상상조차 할 수 없는 강렬한 에너지가 담겨 있습니다. 저의 거처 옆 길가에는 상수리나무 한 그루가 4층 높이의 건물보다 더 큰 거목이 되어 수백 년째 살고 있습니다. 그 근원은 어디였을까요? 여지없이 도토리 한 알이었습니다. 쌀의 근원인 볍씨 한 알에도 벼 한 포기를 완성해낼 가능성이 모두 담겨 있습니다. 종자 고유의 특성이나 생육환경, 결실 시기 등에 따라 조금씩 다를 수는 있지만, 볍씨 한 알은 대략 80~120배가량의 새로운 볍씨를 맺습니다.

씨앗을 명상하며 바라보면 모든 씨앗에서 "하느님의 입김"*을 자주 느끼게 됩니다. 우리는 단 며칠도 씨앗 없이는 살아갈 수 없는 존재들입니다. 흙, 물, 바람, 햇살이 있기에 씨앗이 살고 그 덕분에 또 다른 생명이 삽니다. 그러므로 씨앗은 근본 자리의 **연결자**입니다. 우주의 끝없는 팽창을 가능하게 하는 씨앗 원소들이 광막한 우주 공간을 채우고 있는 것처럼, 씨앗은 생명과 생명을 정교하게 연결하여 다양한 생명이 함께 지속될 수 있도록 하는 근본 중의 근본입니다.

씨앗 속에는 과거와 미래가 동시에 담겨 있습니다. 씨앗 자체로도 그러하지만, 씨앗에 기대어 살아야 하는 모든 생명의 과거와 미래 역시 씨앗에 종속됩니다. 우연한 진화사 속에

* 탁동철, 《하느님의 입김》, 양철북, 2017.

서 씨앗을 맺는 식물이 생겨났다고 하더라도, 모든 씨앗에는 하느님의 입김이 서려 있습니다. 종교와 무관하게 이 위대한 연결자에게서 하느님의 입김을 감지하지 못한다면 그것이 더 이상한 일 아닐까요? 《바가바드기타》 7장 10절에서 신은 이렇게 말했습니다. "나는 영원한 만물의 씨앗이니라." 삶에 지쳐 자신을 의심하는 이라면 이 구절을 꼭 기억할 필요가 있습니다.

한 톨의 씨앗 안에 이미 나머지 모두가 들어 있습니다.
우리 모두, 한 톨의 씨앗입니다.
그 가능성을 다 품고 있는 존재입니다.

씨앗에 담긴 또 다른 신비는 그들이 아무 곳에서나 발아하지 않는다는 점입니다. 이 또한 우주적 질서를 따라 펼쳐지는 놀라운 세계입니다. 이제 씨앗을 지배하는 또 다른 우주적 속성을 살펴볼 차례입니다.

9장

저마다의 자리와 시간이 있으니

씨앗은 아무 자리에서나 발아하지 않습니다.
자신이 태어나 살아갈 수 있는 자리에서만 발아합니다.
도학은 이를 성性이라 했습니다.

씨앗은 신비 그 자체입니다. 씨앗 속에는 그 작은 크기와 모양만으로는 도무지 상상할 수 없는, 그 존재의 장엄한 미래가 담겨 있습니다. 그 속에는 놀라운 가능성과 그것을 펼쳐낼 힘이 단단하면서도 부드럽게 응축되어 있습니다. 동서양의 탁월한 영성가들은 씨앗에서 우주를 느낄 수 있으며, 더 나아가 신성을 본다고도 말합니다.*

식물의 씨앗에 대응하는 것으로 동물의 알이 있습니다. 개구리알 하나에는 이미 올챙이로 변할 힘과 마침내 개구리

* 골든 수피 센터 엮음, 정홍섭 옮김, 《신성한 씨앗》, 좁쌀한알, 2017.

가 될 힘, 그리고 일생을 감당하고 지탱할 생존 기술이 다 담겼습니다. 알 역시 특별한 학습 없이도 사랑의 기술을 이미 내포하고 있습니다. 씨앗과 알에 새겨진 가능성으로 숲과 생태계는 끝없이 재창조됩니다. 모든 생명은 씨앗에서 씨앗으로, 알에서 알로 이어지는 신비의 리듬 위에서 살아가고 있습니다. 그러므로 씨앗은 지극히 신성합니다. 바로 그 자리를 우리는 오랫동안 원기라고 불러왔던 것입니다.

씨앗이 모든 가능성을 담고 있는 원기 덩어리라고 하지만 그냥 맺어지지는 않습니다. 태어나고, 살고, 죽기까지 삶의 모든 여정이 그렇듯이 한 톨 씨앗의 여정 역시 여간 어려운 일이 아닙니다. 꽃이 씨앗이 되기까지의 여정을 살펴본 사람이라면 이 세상에 태어났다는 사실이 얼마나 숭고하고 장엄한 일인지를 깨닫게 될 것입니다.

오리나무는 주로 양지바른 땅이면서도 양분이 적당한 자리에서 살아가는 나무입니다. 숲에서 빛과 양분이 동시에 보장되는 자리는 어디일까요? 일반적으로 숲의 안쪽(중심부)은 양분이 많이 쌓이지만, 높게 자란 나무들 탓에 아래쪽으로는 빛이 닿기 어려운 곳입니다. 반대로 들판과 하천, 도로 등 숲의 바깥쪽은 비교적 양지바르지만, 양분은 조금 모자라는 땅이기 쉽습니다. 발아와 생장에 영향을 미치는 핵심 요소는 햇빛과 물, 토양, 공기 등입니다. 이 조건들이 완벽하게 갖추어진 시공은 그 어디에도 없습니다. 어떤 것은 넘치고, 다른 어떤 것은 모자라도록 설계된 곳이 자연입니다. **조건의 불완전성**, 이것이 모든 생이 감당해야 할 법칙입니다. 노자가 "자연은 인자하지 않다天地不仁"라고 말한 것도 바로 이 냉정하고도 정직한 자연의 법칙을 간파한 통찰일 것입니다.*

이 준엄한 현실에도 불구하고 빛과 양분을 모두 탐하며 살 수 있는 자리가 있을까요? 숲과 숲 바깥이 만나는 경계의 지대가 그런 자리입니다. 숲을 이룬 경사진 산의 풍경을 한번 떠올려볼까요. 우리가 상상하는 전경은 산꼭대기로부터 들판이나 계곡 쪽으로 그 경사가 점점 낮아지는 흐름을 이룹니다. 그 경사의 흐름이 멈추기 직전, 바로 그 지점에서 통상 경계가 형성됩니다. 자연의 이음매와도 같은 이 지점이 빛과 양분 모두를 확보할 수 있는 자리입니다. 이곳은 숲의 가장자리라서 토양 속에 포함된 유기물이 바깥보다 넉넉합니다. 또한 안쪽으로는 나무들이 빼곡하지만, 바깥쪽으로는 하늘이 열려 있어 쏟아지는 햇빛도 잘 누릴 수 있습니다. 오리나무는

*《도덕경》5장

바로 이런 자리에서 자랍니다.

오리나무는 숲에서 가장 이른 계절에 꽃을 피우는 나무 중의 하나입니다. 오리나무는 이른 봄, 다른 나무들이 잎을 틔우기 전에 서둘러 꽃을 피웁니다. 그래서 저는 오리나무를 '봄바람을 읽는 나무'라고 부르기도 합니다. 오리나무는 꽃샘추위 전후로 부는 강한 바람을 기억하는 나무입니다.

오리나무는 바람을 활용해 수정하는 풍매화風媒花입니다. 입춘으로부터 청명에 이르기까지 하루하루 더해가는 봄기운을 느끼며 설렘을 느낄 즈음, 갑자기 며칠 동안 모래 먼지를 일으킬 정도로 세찬 바람이 불어 우리를 다시 움츠리게 하는 때가 있습니다. 오리나무의 꽃은 이때 부는 바람을 기다리며 피어납니다.

2~3월경 거세게 불어대는 봄바람에 맞춰 오리나무는 꼬리 모양 꽃차례를 한 수꽃을 확 터트리며 한 그루당 수억 개가 넘는 꽃가루를 날려 보냅니다. 수꽃이 터트린 꽃가루는 이제 바람을 타고 날아가 암꽃의 암술머리를 만나야 합니다. 대부분의 꽃가루는 실패합니다. 하지만 소수의 꽃가루가 암술머리에 닿아 새로운 생명의 시작을 이뤄냅니다.[**] 그 희박한 가능성을 더 높이기 위해서 오리나무는 다른 나무들이 잎을

[**] 데이비드 조지 해스컬, 노승영 옮김, 《숲에서 우주를 보다》, 에이도스, 2014.

틔우기 전에, 심지어 자신도 잎을 틔우지 않은 상태에서 꽃을 피우는 것입니다. 자신을 포함해 다른 나무들이 잎을 가득 돋워내면 바람에 날아가는 꽃가루가 그 이파리들에 걸리게 될 것이기 때문입니다. 그래서 오리나무는 봄의 문턱을 읽고, 모험을 감행합니다.

오리나무처럼 바람을 매개로 삼든, 물이나 곤충을 통해 수정을 이루든, 꽃이 열매가 되기까지의 여정은 언제나 절실하고도 고된 과정을 통과해야만 합니다. 열매가 다시 씨앗으로 성숙하는 과정 또한 만만하지 않습니다. 익지 않은 채로 비바람에 떨어지면 허사고, 아직 미성숙한 상태에서 누군가에게 낚아채여서도 안 됩니다. 모든 운명적 사건을 피한 열매만이 씨앗으로 성숙할 기회를 얻습니다. 꽃이 열매로, 열매가 다시 씨앗으로 성숙하는 일에 성공했다 하더라도 그게 모두 새로운 생명으로 연결되는 것도 아닙니다. 씨앗이 새싹으로 발아하기까지는 또 다른 어려움이 놓여 있습니다.

씨앗은 오로지 자신이 싹을 틔울 만한 자리를 만나야만 발아합니다. 이 사태를 확장하여 보다 높고 넓게 자연을 보면, 생명은 모두 자신이 태어나기에 알맞은 자리에서만 태어난다는 사실을 알 수 있습니다. 놀라운 신비가 아닐 수 없습니다.

여러 종류의 씨앗을 모아 아무 공간에나 흩뿌려봅니다.

모든 종류의 씨앗이 다 발아할 리는 없습니다. **제 자리**여야 합니다. 싸리나무는 싸리나무가 태어날 자리에서만 태어나고, 갯버들(버들강아지)은 갯버들이 태어날 자리에서만 싹틉니다. 싸리나무의 씨앗은 다른 무엇보다 빛 조건이 좋은 환경에서 발아합니다. 빛과 물의 조건이 모두 좋은 땅에서만 태어나는 나무도 여럿 있습니다. 대개는 갯버들, 왕버들, 용버들 등 버드나무속의 나무들이 그렇습니다. 하지만 그 안에서도 각각이 태어나는 자리는 확연히 다릅니다. 키가 작은 갯버들이 주로 계곡을 서식지로 택할 때, 왕버들이나 용버들 같은 키가 큰 나무는 여러 계곡이 모여 형성된 하천 주변을 제 삶의 터전으로 삼습니다.

물속에 사는 생명들도 그렇습니다. 버들치, 쏘가리, 붕어, 미꾸라지 등 모두 각자의 자리에서 태어나고 살아갑니다. 땅속을 터전으로 삼는 생명들도 마찬가지입니다. 땅강아지, 지렁이, 두더지 모두 제 삶의 서식지가 다릅니다. 들짐승과 산짐승도 그렇습니다. 생김새가 비슷한 고라니와 노루도 서로 다른 공간을 선호합니다. 특정한 영역을 구분 짓기 어려운 공중(하늘)의 날짐승들도 그렇습니다. 우리 눈에 자주 띄어 익숙한 까치와 까마귀뿐만 아니라 곤줄박이, 꿩, 말똥가리, 박쥐도 자기만의 터전이 있습니다. 얼핏 보면 숲이 무질서하고 어지러워 보이지만, 그 속에 살아가는 모든 생명은 개별적으

로는 저마다 독립적이고, 전체적으로는 질서 속에서 살아가
고 있습니다.

　자연 만물의 아름답고 정교한 질서에 대하여 《중용》은
일찍이 다음과 같이 간결한 문장으로 표현해두었습니다.

　　천명지위성 天命之謂性
　　솔성지위도 率性之謂道
　　수도지위교 修道之謂教

　《중용》은 자연 만물 속에 깃든 질서와 인간(생명)의 길을
저토록 단아한 문장으로 짚으며 시작합니다. 이 문장은 성리
학의 '성', 성리학의 다른 이름인 도학의 '도', 도를 닦는 과정
인 '교육(배움)'과 '수행'에 대한 개념을 정의하고 있습니다. 기
나긴 세월을 거쳐 동아시아의 사유체계에 절대적인 영향을
끼쳐온 저 거대한 문장을 감히 독해하는 일은 두렵습니다. 다
만 숲과 함께 살고 사유하던 어느 날 문득 저절로 알게된 수
준에서 읽어보자면 이러합니다. '성은 하늘이 명한 것이다.

그 성을 따라 사는 것을 도라 한다. 그 도를 닦아나가는 과정이 교육(배움과 가르침)이다.' 문자를 따라 적어보니 너무 추상적이어서 그 의미가 선뜻 와닿지 않을 것입니다. 제가 은유와 함께 풀어보겠습니다.

첫째, 각 주체들에게 주어진 본성과 개성이 있다. 하늘이 사람에게는 사람의 성(인성, 인간성)을 내리고 물에는 물의 본성을 내렸다. 민들레에게는 민들레의 성을, 산삼에게는 산삼의 성을, 버드나무에게는 버드나무의 성을 각기 내렸다. 어미에게는 모성이, 아비에게는 부성이, 각 주체에게는 고유한 개성이 그렇게 있는 것이다. 둘째, 그 존재가 자신의 본성을 따라 살면 그것이 그 존재의 길이 된다. 사람도, 민들레도, 버드나무도 다르지 않다. 셋째, 인간은 인간의 길을 가기 위해, 민들레는 민들레로 꽃피기 위해, 버드나무는 버드나무로 꽃피우며 살기 위해 자신을 익히고 수련해가는 과정이 바로 배움이고 교육이다.

《중용》의 이상은 간결합니다. 만물은 하늘이 저마다에게 부여한 그 본성을 내던지지 않고 부단히 실천하며 살면 된다는 것입니다. 거기 각자의 길道이 있다는 것입니다. 이 메시지는 숲에도 그대로 적용됩니다. 장차 제 삶을 완성할 힘을 응축하고 있는 것이 저마다의 씨앗이지만, 자신의 본성에 부합하는 조건을 갖춘 자리에서만 발아합니다. 물에 대한 그리움을 품은 버드나무를 산꼭대기에서 만날 수 없고, 양분과 수분의 욕망이 까다로운 산삼을 우리 주변의 어린 숲에서 발견하기 어렵습니다. 길섶에서 발에 차일 만큼 흔한 민들레를 숲 한복판에서는 볼 수 없는 이유가 바로 그 때문입니다.

하늘의 섭리를 따라 생명은 모두 부여받은 자리에서 저마다 자신의 길을 이루어갑니다. 자신이 발 딛고 있는 땅에서 각자 제 본성을 따라 살아가는 모든 존재는 그 자체로 소중하고 아름답습니다. 하지만 참 어려운 일이기도 합니다. 그 길에는 어느 누구에게도 예외가 없는 삶의 숙제가 놓여 있기 때문입니다. 숲에서 자기 삶의 숙제를 미루거나 풀지 않는 풀과 나무는 단 하나도 없습니다. 도대체 왜 풀어야 할 삶의 숙제가 생명 앞에 놓이는 것일까요? 이제 그 신비를 만날 때가 되었습니다.

3부

여기, 우리 모두에게
주어진 숙제

10장

굴복과 극복 사이에서

자연의 법칙은 결코 자연적으로 존재하는 것이 아니다.*

20세기의 시작과 함께 세상을 떠난 철학자 프리드리히 니체Friedrich Nietzsche는 《차라투스트라는 이렇게 말했다》를 통해 이렇게 말했습니다. 그의 철학에서 빼놓을 수 없는, 그 유명한 위버멘쉬Übermensch에 대한 요청이 시작되는 문장입니다.

인간은 극복되어야 할 그 무엇이다. 그대들은 자신을 극복하기 위하여 무엇을 했는가? 지금까지 모든 존재는 자신을 넘어서 그 무엇인가를 창조해왔다.**

* 1963년 노벨물리학상 수상자인 유진 위그너Eugene Wigner의 말입니다.
** 프리드리히 니체, 장희창 옮김, 《차라투스트라는 이렇게 말했다》, 민음사, 2004.

그는 이어서 말합니다. 신은 죽었으니 저기 어디 높은 데나 나의 외부에 있을 것이라고 믿는 그 구원자에게 더는 기대려 하지 말라고, 대신 오직 여기 발 딛고 있는 땅에 충실하라고.

보아라, 나는 그대들에게 위버멘쉬를 가르치노라! 위버멘쉬는 대지를 의미한다. 그대들은 위버멘쉬는 대지를 의미한다고 말해야 한다. 그대들에게 명하노니 형제들이여, 대지에 충실하라. 그리고 그대들에게 대지를 초월한 희망을 말하는 자들을 믿지 말라! 한때는 신에 대한 모독이 최대의 모독이었다. 그러나 신은 죽었고 신과 함께 이러한 모독자들도 죽었다.*

스스로 삶의 주체로 서서 자신을 뛰어넘으라고 요청하는 니체의 사상은 그가 맞이했던 서양사적 배경 위에서 탄생했습니다. 신이 만물을 주재한다고 믿었던 중세가 종말을 고한 뒤, 왕의 목을 벤 혁명의 시대가 왔고, 근대가 도래하면서 서양인들의 영혼은 오래된 정처를 놓치고 떠돌기 시작했습니다. 그들에게 영적 공백의 시간이 찾아온 것이었습니다. 니체

* 장희창이 번역한 앞의 책과 다음 책을 함께 검토하여 자연스러운 문장으로 다듬어 인용했습니다. 프리드리히 니체, 정동호 옮김, 《차라투스트라는 이렇게 말했다》, 책세상, 2015.

는 부유하는 인간들을 향해 대지를 초월한 곳에 희망은 없으니 이제 오직 너 자신, 스스로가 희망이 되어야 한다고 부추겼습니다. 위버멘쉬. 니체에게 인간은 스스로 창조력을 발휘하면서 삶을 극복하고 주도해야 하는 존재로 파악되었습니다.

니체는 인간을 '극복되어야 할 그 무엇'이라고 바라봤지만, 극복을 요청받는 존재는 인간만이 아닙니다. 숲을 자세히 보면 생명을 가진 모든 존재가 극복되어야 할 그 무엇을 안고 태어난다는 사실을 알 수 있습니다. 이러저러한 사정으로 상처받고, 좌절하고, 절망에 빠진 사람들에게 숲이 전하는 위로와 지혜는 바로 여기에 있을 것입니다. 살아가는 모든 존재는 풀어야 할 삶의 숙제를 안고 있습니다.

나무와 풀은 보살펴주는 이 아무도 없는 야생의 숲에 아무렇게나 뿌리를 내리고 살아가는 것처럼 보입니다. 그러나 오랜 시간을 두고 살펴 보면 나무도, 풀도 저마다 극복해야 할 난제를 하나하나 넘어서며 살아가고 있다는 걸 알게 됩니다. 결국 **산다는 건 자신에게 부여된 그 숙제를 차곡차곡 풀어가는 과정**임을 알게 될 것입니다. 인간을 포함해 생명 각각이 극복해내야 할 그 무엇을 저는 신(혹은 하늘)이 부과한 **삶의 숙제**라고 부릅니다.

여기서 말하는 신은 니체가 죽었다고 선언한 그 신이 아닙니다. 니체의 신은 아마 인간이 자신과 만물을 꼭두각시로 두고 조종한다고 믿었던 신, 구원을 담당하고 있다고 믿었던 신이었을 것입니다. 혹은 조건을 갖춘 자에게 면죄부를 주는 신이거나, 마녀인지 아닌지를 구분하거나, 천국과 지옥의 운명을 판단한다고 믿었던 신이었을지도 모르겠습니다.

흥미롭게도 동아시아의 사상 속에는 애초에 니체가 죽었다고 말한 신은 없었습니다. 우리에게는 신 대신 **하늘**天이 있었습니다. 이 대지 위에서 만물이 뒤엉키며 약동하게 하고, 그 팽창 뒤에 다시 수렴하게 하는, 그 성실한 자연의 질서를 관장하는 존재 말입니다. 다시 말해 니체의 신 대신에 로고스logos로서의 하늘이 있었습니다. 동양 전통에서는 이 로고스를 이理, 성誠, 도道, 법法 등으로 부르기도 했습니다.

관련하여 한 가지 흥미로운 점이 있습니다. 《성경》에 로고스라 적힌 단어를 우리말로는 무엇이라 옮겼을까요? 그 구절은 복음서의 하나인 〈요한복음〉에서 만날 수 있습니다. "태초에 말씀이 계셨다. 그 말씀은 하나님과 함께 계셨다. 그 말씀은 하나님이셨다."* 여기 '말씀'이라고 번역된 단어가 바로 로고스인데, 우리나라에 개신교가 처음 들어왔을 때는 "태초에 도가 있으니"라고 번역했다고 합니다.** 초기 한국

---

* 《새번역 성경》, 〈요한복음〉 1장 1절.
** 바보새 함석헌 홈페이지www.ssialsori.net의 〈성서연구 | 요한복음 풀이 2-태초에 말씀이 있었다 1〉을 참고했습니다.

기독교에서 로고스를 '도'라고 번역했다는 사실만 보아도 신(하늘)에 대한 우리의 전통 사유가 어떠했는지를 짐작할 수 있습니다.

어떠한 생명도 무질서하게 태어나거나 자라지 않습니다. 모든 생명의 삶은 오히려 철저한 로고스의 지배 아래에서 펼쳐집니다. 미나리의 씨앗을 마른 밭에 뿌리는 농부는 없습니다. 그곳에서는 그 씨앗이 싹트지도, 살아가지도 못하기 때문입니다. "산등성이에서는 왜 버드나무를 볼 수 없을까요?"라고 묻는 탐방객도 없습니다. 버드나무는 물이 풍부한 자리에서만 살아가는 나무라는 사실을 모두가 알기 때문이죠. 씨앗(알)이 이미 모든 가능성을 품은 원기 덩어리라 할지라도, 생명 저마다가 태어나고 살아가는 데에는 엄연한 질서가 있음을 평범한 사람들도 어렴풋이 알고 있는 것입니다.

생태학ecology은 생물과 그 환경의 상호작용을 체계적으로 살펴 개별 생명이나 집단(군집)을 파악해보려는 학문입니다. 어원을 따라가보면 'ecology'는 'eco'와 'logos'를 버무려 만들어진 단어입니다. 'eco'는 '집'이라는 뜻을 가진 그리스어 'oikos'에서 유래했습니다. 이는 영어로는 'habitat', 우리말로는 '서식지'라 번역할 수 있습니다. 즉, 생태학은 '서식지에 깃든 질서', 곧 로고스를 탐구하는 학문인 셈입니다.

생명들은 각각 고유의 터전을 서식지로 삼아 살아가고

있습니다. 우리 주변의 화단, 숲과 들, 그리고 그것과 연결된 계곡, 하천, 바다에 이르기까지 온갖 동식물은 결코 아무 자리에서나 살아가지 않습니다. 버드나무와 미나리가 똑같이 물을 좋아하지만 그들의 서식지는 분명히 다릅니다. 한편 시간을 관통하는 로고스의 질서도 얼마나 신비한지 모릅니다. 같은 터전에서 만날 수 있는 풀이지만, 여름꽃 달개비는 봄꽃인 제비꽃이 피고 진 뒤에라야 그 어린싹을 겨우 만날 수 있습니다. 새들도 그렇습니다. 꾀꼬리나 왜가리를 보고 싶다면 어느 계절에, 각각 어디로 찾아가야 하는지 한 번 떠올려보십시오.

그렇다면 생명 저마다가 극복해야 할 숙제는 어디에서 연유하는 것일까요? 자신이 살아가는 터전, 즉 서식지에서 비롯합니다. 버드나무는 풍부한 물의 조건을 잃으면 시들어 죽게 되고, 소나무는 다른 식물이 더 높게 자라서 자신을 덮어버리면 서서히 죽음을 맞게 됩니다. 키가 작은 냉이 역시 개망초나 주홍서나물, 쑥처럼 상대적으로 엄청나게 키가 큰 풀들이 자신을 뒤덮으면 삶을 이어가기 어렵습니다. 버드나무는 물이, 소나무나 냉이는 빛이 커다란 숙제인 셈입니다.

음양태극도

암석 지대를 서식지로 삼고 살아가는 식물에는 토양이나 수분이, 바닷가에 사는 식물에는 염분과 거센 바람 따위의 숙제가 놓여 있습니다.

모든 생명이 숙제를 안고 태어나고, 그것을 풀며 살아가야 하는 근원적인 이유는 만물이 **태극의 질서** 아래 있기 때문입니다.《성경》의 〈창세기〉를 하나의 종교적 우주론으로 읽고, 빅뱅 모델을 과학적 물리 우주론으로 읽는다면, 태극 역시 동양의 우주론으로 읽을 수 있습니다. 성리학의 기초를 닦은 인물로 평가되는 주돈이는《태극도설》을 통해 동아시아의 사유체계 전반에 깊게 영향을 끼칠 성리학적 우주론을 피력했습니다.

태극을 음양 중심으로 더 간결하게 그린 '음양태극도'를 보겠습니다. 우주 만물은 모두 음과 양의 조화로 구성되어 있고 그 운행의 리듬 위에 있습니다. 하늘이 있으면 땅이 있고, 능선이 있으면 계곡이 있습니다. 북극과 남극이 있어 적도가 있기 마련이고, 태어난 날이 있으면 반드시 죽는 날이 있고, 맑은 날이 있으면 비나 눈이 쏟아지는 날이 있는 것과 같습니다. 우리 안에는 금욕이 있는가 하면, 음욕도 똬리를 틀고 있습니다. 한 번 살았다면 기어코 한 번은 죽어야 합니다. 그것이 만물과 생명을 관통하는 준엄한 음양의 질서입니다. 태극을 이루는 이 대극성對極性과 대대성待對性이 각자에게 숙제를 안깁니다.

숲에서 빛이 많이 비추는 자리(양)를 서식지로 삼는 식물이라면 대략 척박한 토양(음)이라는 숙제를 풀어야만 자기 삶을 완결할 수 있습니다. 이것이 이치입니다. 능선에 사는 생명들은 능선이라는 환경이 부여하는 숙제를 풀어야 하고, 계곡에 서식하는 생명이라면 계곡의 음양 질서가 부여하는 또 다른 숙제를 풀어야 합니다. 태극은 위대하고, 역易의 질서는 준엄하여 모든 공간, 모든 날, 모든 생명을 지배합니다.

인간의 삶도 이 질서에서 벗어날 수 없습니다. 종종 자신은 가난 속에서 태어났다고 불만하며 부유한 사람의 삶을 부러워하는 사람들이 있습니다. 그런 이들에게 건네고 싶은 말이 있습니다.

신이 모든 걸 주지는 않습니다. 당신은 여기 맨땅에서 태어났고, 그 사람은 저 깊은 숲, 양분 가득한 땅에 태어난 삶처럼 보이나요? 그는 양분이 가득한 대신 그늘 드리운 하늘을 얻고 태어났을 것입니다. 그는 자신의 하늘을 열기 위해 그 그림자를 어떻게든 해결해야 할 것입니다. 주목朱木은 그런 땅에서 수백 년 동안 하늘을 열어 마음껏 빛을 누립니다. 당신이 맨땅이라고 불평하는 그곳을 자세히 보면 좋겠습니다. 땅은 척박해도 햇살은 찬란히 쏟아지지 않나요? 바랭이는, 민들레는 그런 자리에서 온갖 숙제를 풀어내고 기어코 꽃을 피워 자신을 증명하고 있습니다.

대개 우리가 사랑에 발이 걸려 넘어지는 이유는 사랑에 아픔이 있어서라기보다, 내 사랑에는 아픔이 없기를 바라서입니다. 마찬가지로 삶이 고통스럽다면, 그것은 삶에 숙제가 있어서라기보다 숙제가 없기를 바라서일 것입니다. 우리에게 필요한 것은 고통의 부정이 아니라, 그 고통을 넘어 꽃을 피워낼 지혜일 뿐입니다. 심판자로서의 신은 죽었을지 모르지만, 로고스로서의 하늘은 늘 우리 곁에 있습니다.

11장

햇살을 움켜쥐고
바람의 결을 따라 살아내는 법

천지불인.

신은 자비롭지 않습니다.

다만 질서와 리듬으로 그 사랑을 만물에 비춥니다.

나무도 아닌 것이 풀도 아닌 것이

곧기는 누가 시켰으며 속은 어찌 비었는가

저 러고도 사계절에 푸르니 그것을 좋아하노라

고산 윤선도가 쉰여섯 살에 지은 〈오우가五友歌〉 중 제5수
입니다. 알다시피 윤선도는 이 노래를 통해 자신이 좋아하는
다섯 벗을 노래했습니다. 제5수에서 그가 노래하고 있는 벗
은 누구일까요? 바로 대나무입니다.

인류 문화에서 대나무는 주로 일상생활에 요긴한 식물
자원으로만 인식되었습니다. 아직 종이가 발명되지 않았던

시대에 대나무를 엮어 그 위에 글을 쓴 죽간과 편지를 주고받던 죽찰竹札이 있었고, 여름 무더위를 견디게 한 죽부인과 대자리, 울타리, 낚싯대, 연, 광주리, 채반, 악기(대금, 단소, 퉁소), 죽순 요리, 대통밥, 죽염, 댓잎차까지…. 대나무는 삶 곳곳에 스며들어 있었습니다. 그 결과 대나무처럼 인간에게 꾸준히 수탈을 겪은 식물도 드물었습니다.*

그런 풍토 속에서 살았던 고산이 갑자기 이렇게 묻습니다. '그렇게 곧게 살라고 누가 시켰고, 속은 왜 비었는가.' 한마디로 대나무는 왜 자신만의 특별한 꼴로 살아가는지를 궁금해한 것입니다. 고산 윤선도가 던진 이 질문은 인간 중심적 사고를 넘어 대나무 존재 자체의 생태와 본성을 묻는 놀라운 문제의식이었습니다. 대나무에 대한 이런 관점은 윤선도 이전에는 없었습니다.

윤선도가 대나무를 "나무도 아닌 것이 풀도 아닌 것이"라고 표현한 것은 칼 폰 린네Carl von Linné의 업적에 기초한 현대의 식물분류법에 견주어 보아도 매우 적절합니다. 대나무는 나무일까요? 아닙니다. 엄밀하게 따지자면, 풀이라고 해야 합니다. 그렇다고 풀이라고 부르는 것도 애매한 구석이 있죠. 사람들은 이름에 이미 나무가 붙어 있는데 왜 나무가 아니냐

* 김종원, 앞의 책.

고 묻습니다. 식물학은 나무와 풀을 명확한 기준을 두고 구분합니다. 아마 과학의 중요한 기초가 개념화와 범주화에 있기 때문일 것입니다. 분류 체계(계, 문, 강, 목, 과, 속, 종)를 만들고, 그것에 맞게 세밀하게 대상을 분류하지 않았더라면 생물학은 아마 어지러워 접근하기도 어려웠을 것입니다. 이런 전통에 따르면, 대나무는 여러해살이 사철 푸른 풀로 분류합니다.[*]

그렇다면 나무와 풀은 어떻게 구분할까요? 크기, 줄기의 구조, 자라는 패턴, 심지어 용도 등으로 둘을 구분하기도 하지만, 가장 엄밀한 기준은 두 가지 정도입니다. 첫 번째는 단단한 목질부의 유무, 두 번째는 물관부와 체관부 사이에 세포 분열을 하면서 줄기나 가지를 매년 굵어지게 하는(부피생장을 하는) 형성층의 유무입니다. 이 두 가지를 모두 갖추면 나무로 분류됩니다. 대나무는 첫 번째 조건은 갖추었습니다. 하지만 두 번째 조건에는 벗어나 있습니다. 즉, 대나무는 나이테를 만들지 않으므로 나무로 분류되지 않습니다. 따라서 풀로 분류해야 마땅하겠지만, "형성층이 있다가 퇴화한 것으로 보아 벼과에 속하는 나무"로 보기도 합니다.[**] "나무도 아닌 것이 풀도 아닌 것"이라고 한 윤선도의 표현은 더할 것도 뺄 것도 없어 보입니다.

[*] 김종원, 앞의 책.
[**] 김외정, 〈죽림, 대나무는 풀인가 나무인가〉, 한국조경수협회, 2013.

대나무가 왜 그토록 곧게 자라는 것인지, 또 누가 그렇게 하라고 시킨 것인지에 답을 하기 전에, 윤선도가 말하는 대나무는 어떤 종류일지 먼저 보겠습니다. 일반적으로 10~20미터까지 시원하고 높게 자라는 왕대(참죽)와 맹종죽(죽순대)을 대나무로 부릅니다. 시조의 내용으로 짐작해보면, 윤선도가 좋아한다고 고백한 그것 역시 이 범주에 속할 것입니다. 키가 작은 조릿대, 신우대 등은 아닐 것입니다. 그 일반적인 대나무를 중심으로 살펴보겠습니다.

대나무는 주로 어떤 공간에서 살까요? **대나무의 서식지**(9장에서 설명했던 '천명지위성'의 '성')는 빛과 양분이 모두 넉넉한 공간이어야만 합니다. 숲과 숲 바깥이 만나는 지점, 바로 숲의 경계 지대가 그런 곳입니다. 우리나라의 숲은 대부분 경사진 산을 물리적 토대로 하여 형성되었습니다. 경사진 숲은 산 정상부로부터 자연스레 흘러내리는 비탈을 타고 만들어집니다. 비탈이 거의 끝나고 평지에 이르는 공간에 이르면 그곳엔 주로 농토나 마을이 있습니다. 숲과 마을, 혹은 마을 뒤의 농토와 숲 사이, 그 경계 즈음의 **숲정이**가 대나무의 주된 서식지입니다.

대나무는 엄청나게 빠른 속도로, 곧고 높게 자랍니다. 윤선도가 궁금해한 대나무의 모습 중 하나가 생장 방식과 생태에 관한 것이었습니다. 사람들에게 "대나무는 일 년에 다섯 마디씩만 자랍니다"라고 농을 치면 뜻밖에도 많은 사람이 고개를 끄덕입니다. 아마 생장의 전 과정을 직접 눈으로 본 적이 없어 그럴 것입니다. 대나무는 한 해만에 자신이 평생 살아갈 키를 모두 키워냅니다. 더 엄밀하게 말하면, 두 달 이내에 성장의 과정을 끝냅니다. 죽순은 따뜻한 봄철, 혹은 장마 전에 대나무의 땅속줄기로부터 발아합니다. 이후 비, 특히 장맛비가 내리면 대나무는 엄청난 속도로 자랍니다. 조건이 맞으면 하루에 60~100센티미터까지도 자랍니다.

대나무는 왜 그렇게 빠른 속도로 맹렬하게 자랄까요? 그 이유는 그 서식지가 너무도 경쟁이 치열한 공간이기 때문입니다. 숲의 경계 지대는 확실히 기회의 땅이자 치열한 다툼의 공간입니다. 이미 숲의 가장자리에 터를 잡은 식물들은 더 넉넉한 빛이 보장된 바깥쪽 공간을 호시탐탐 노립니다. 그 열린 공간으로 씨앗을 떠나보냄으로써 새로운 개체를 퍼트리기도 하고, 지속해서 가지를 뻗기도 합니다. 햇빛이 넉넉해야 살 수 있는 것이 대나무의 천성입니다. 대나무는 치열한 다툼이 있는 공간이지만, 아직은 비어 있는 숲정이의 그 하늘을 차지할 방법을 이렇게 찾아냈습니다.

첫째, 봄철 발아한 죽순은 온도가 상승하고 비가 잦아지는 절기에 맞춰 맹렬하게 자랍니다. '우후죽순'이란 말은 그 현상의 요체를 담고 있는 표현입니다. 서식지의 열린 하늘을 차지하기 위한 엄청난 속도의 수직 성장, 그 분투는 두 달이면 끝납니다. 이제 대나무는 그 공간으로 쏟아지는 햇빛을 마음껏 누릴 수 있습니다.

둘째, 대나무는 대개 군락을 이루며 삽니다. 대나무는 유성생식이 쉽지 않은 식물입니다. 대나무의 꽃을 본 적이 있나요? 아마 본 사람은 드물 것입니다. 대나무는 일생에 단 한 번만 꽃을 피우니까요. 그것도 대략 60~120년의 세월에 딱 한 번 찾아오는 경험입니다. 일생 그렇게 단 한 번의 꽃을 피운 뒤, 그 이듬해 모두 죽습니다. 대나무는 유성생식 대신, 뿌리 노릇을 하는 땅속줄기를 통해 자기를 복제하는 무성생식의 방식으로 번식합니다. 뿌리 줄기에서 새 대나무를 계속 뽑아 올리며 세력을 확장해가는 것입니다. 그런데도 일생 딱 한 번 꽃을 피우는 것은 아마 후대의 유전자 다양성을 확보하려는 노력일 것입니다. 또 군락 전체가 일제히 꽃을 피운 뒤 생을 마감하는 까닭은 땅속뿌리가 붙들고 있던 모든 에너지를 꽃 피우는 데에 쏟아붓기 때문일 것입니다.

한편 대나무가 군락을 이뤄서 살게 된 데에는 치열한 생존 전략이 깃들어 있습니다. 최적의 서식지를 끝없이 넘보는 다른 식물들로부터 자신의 영토를 지켜내기 위한 분투로 읽을 수 있습니다. 뿌리줄기가 서로 얽혀 있고, 거기서 매년 새로운 죽순을 밀어 올려 틈을 메워가는 대숲으로 쉽사리 틈을 비집고 들어설 다른 식물은 흔치 않습니다. "곧기는 누가 시켰으며"라는 윤선도의 질문에 대나무는 저 사정을 읽으라 답하고 있습니다.

대나무의 속은 왜 비었을까요? 대나무는 키, 즉 높이에 비해 줄기가 턱없이 좁고 가늡니다. 단독으로 대나무를 떼어놓고 보면 개체로서의 대나무는 위태롭기 그지없습니다. 게다가 대나무는 숲의 가장자리에 사는데, 그 또한 위태로운 일입니다. 왜 그런지 살펴보겠습니다.

군집을 이루고 사는 대나무의 특성상 홀로 서 있는 대나무를 보기는 어렵습니다. 하지만 저는 전북 고창 선운산에 있는 한 연수원 주변에서 그런 대나무를 만난 적이 있습니다. 숲과 연결된 연수원 주변으로는 대나무가 빼곡히 군락을 이뤄 살고 있었는데, 군락에서 건물과 가까이 있는 부분의 대나무를 약 3~4미터 정도 폭으로 일제히 벤 것을 보았습니다. 대나무 입장에서는 큰 재난이겠지만, 그렇다고 대나무가 삶을 포기할 리 없습니다. 베어진 자리의 곳곳에서 크고 작은 죽순이 드문드문 새로운 생을 밀어 올리고 있었습니다. 그중 유난히 빨리 자라 이미 죽순의 단계는 넘어선 어린 대나무를 오랫동안 바라보았습니다. 벌채되어 황량해진 공간으로 골바람이 수시로 불어왔습니다. 그때마다 대숲에서는 신비로운 소리가 흘러나왔습니다.

군락을 이루고 있는 대나무들은 불어오는 바람에 조금도 위태롭지 않았습니다. 꼿꼿이 서서, 바람의 결을 따라 자연스럽게 일렁이며 바람을 맞이하고 또 떠나보내고 있었습니다. 하나의 뿌리에 기반을 두고 각각의 뿌리들이 사방으로 뻗어가며 뒤엉켜 있을 땅속의 그림도 상상해보았습니다. 자연스러운 일렁임과 그것이 빚어내는 신비한 소리에 저는 한동안 저 자신을 잊었습니다. 그러다가 불현듯 앞서 본, 어린아이 같은 그 대나무가 궁금해졌습니다. 홀로 서 있는 어린 대나무는 지금 빠른 속도로 불어오는 바람에 어떻게 대처하고 있을까? 어린 대나무는 다 자란 대나무보다 훨씬 유연했습니다. 아직은 성장 중이라서 단단하게 목질화되지 않은 상태가 단박에 보였습니다. 강아지풀만큼 유연하진 않지만, 바람의 결을 따라 줄기를 휘었다가 다시 일어서기를 반복하면서 바람과 만나고 있었습니다.

대나무가 사는 숲정이는 숲으로 불어오는 바람을 가장 먼저, 가장 세차게 만나야 하는 자리입니다. 바람을 어떻게든 감당하고 극복해내야만 하는 땅입니다. 이런 맥락에서 대나무의 또 다른 숙제는 바람입니다. 대나무는 바람이라는 숙제를 어떻게 풀었을까요? 숲의 최전방에서 바람을 맞아야 하는 대나무는 벼와 비슷한 꼴을 하고 바람을 이겨냅니다. 잎은 좁게 내고, 속은 비우고, 줄기에는 적당한 간격으로 마디를 두었습니다. 바람에 대한 저항을 줄이고, 강직하면서도 유연함을 잃지 않는 방법을 찾아낸 것입니다. 무엇보다 골격이 뒤틀리지 않도록 마디마다 일관된 격막을 설치해두었습니다. 이것이 "속은 어찌 비었는가"라는 윤선도의 질문에 대한 대나무의 대답일 것입니다.

누가 시켰는지에 대한 질문에는 사족을 덧붙여 두고 싶습니다. 그것은 아마 신이 하신 일이며 동시에 대나무 자신이 한 일일 것입니다. 천지불인, 신은 무자비합니다. **하늘은 특정 생명에게만 은혜를 베풀 수가 없습니다.** 숲정이를 사는 대나무의 삶이 애처로워 신이 위태로운 바람을 아예 없애거나, 부드러운 바람만 불게 한다면 어떤 일이 벌어지겠습니까? 바람이 없으면 숨도 없는 것이니 모든 생명은 사라질 것입니다. 온화한 바람만으로는 씨앗도, 철새도 먼 길을 떠날 수 없게 될 것입니다. 하늘은 무자비하지만, **질서와 리듬**으로 만물에 비춥니다. 누군가는 속을 비우는 것으로, 누군가는 부드러움을 갖추는 것으로 신의 질서에 발을 맞추었습니다.

신은 씨앗 안에 그 힘을 다 넣어놓았지만, 그 껍질을 직접 열어주지는 않습니다. 어디선가 마주했던 이 말이 그날 선운 산 대숲에서 새삼 떠올랐습니다.

12장

오로지 관계, 오롯이 관계

삶은 관계입니다.
관계의 원인이요, 결과입니다.
그러므로 삶의 지혜는 관계에 대한 지혜입니다.

    대나무는 제 성^性을 따라 숲 가장자리, 그 알맞은 서식지에서 다른 어떤 식물보다 곧고 빠르게 자라며 자신의 세계를 구축합니다. 이를 더 추상해보면 모든 생명의 삶은 관계, 관계의 결과임을 알게 됩니다. 자신의 세계는 결국 관계 안에서 구축되고, 또 관계 안에서 허물어집니다. 앞서 잠시 언급한 것처럼 관계에는 크게 두 종류가 있습니다. 자신을 돕는 관계가 그 한 축이고, 자신을 훼방하거나 억압하는 관계가 다른 한 축입니다. 관계 역시 대극을 이루는 태극의 질서 속에 있습니다. 적절한 온도와 양분, 그리고 빛이 대나무를 살리는 관계라면, 거센 바람은 삶을 위해 반드시 넘어서야 할 관계로 찾아옵니다.

살리는 관계에는 본능적으로 끌어당기는 힘이 내재하고 있습니다. 대나무는 빛의 이끌림을 따라 튀어 오릅니다. 하지만 끌림의 이면에는 반드시 제약하는 관계가 동반됩니다. 빛에 대한 끌림, 그 강렬한 열망으로 두 달이라는 짧은 시간 동안 가늘고 높고 빠르게 자라는 대나무는 자신을 뒤흔드는 거센 바람의 위협과 만나야 합니다. 대나무는 바람이라는 과제를 넘어서야 비로소 온전한 자기 세계를 이룰 수 있습니다.

우리 삶이 종종 주저앉거나 도망치고 싶은 까닭은 저 오묘한 이치를 이분법적으로 바라보는 어리석음에 빠지기 때문일 때가 많습니다. 즉, 대부분이 자신을 살리는 관계만을 바라고, 멈추게 하거나 주저앉히는 관계는 바라지 않기 때문입니다. '딱 잘라서 두 개로 나눌 수 없는 세계'를 양분하기 때문입니다.

따라서 관계를 온전히 이해하는 일은 매우 중요합니다. 사태의 이치를 제대로 알고 그 실체를 더 정확히 파악할 때, 어리석음에서 벗어날 가능성이 커지는 건 당연한 일입니다. 이런 이유로 지금부터 관계에 대해 조금 더 자세히 살펴보겠습니다. **온전한 관계**는 어떤 모양이고 어떻게 작동하는지를 파악하는 데에 도움이 될 것입니다. 먼저 숲의 생명들은 어떠한 관계 속에 놓이고, 그 관계 속의 과제는 무엇이 있는지 살펴보겠습니다. 그런 뒤에 몇몇 숲 생명이 자신 앞에 놓이는 관계와 삶의 숙제를 어떻게 풀어가는지 살펴보겠습니다.

숲은 더없이 아름답고 평화로운 공간이지만, 동시에 인간의 삶 못지않게 치열한 생의 현장입니다. 숲의 한 자리를 차지하고 있는 모든 생명은 성실하고 기발해야 합니다. 주어진 삶에 최선을 다하고, 독창적인 전략과 방법을 찾아낸 존재들만이 숲 공동체의 주인이 될 수 있습니다. 예민한 감각으로 살펴보면 숲은 생명 저마다가 안고 있는, 극복해야 할 절박한 과제와 그것을 풀어내는 성실한 과정으로 그득합니다. 생명은 모두 저마다의 선물과 숙제(생生과 극剋의 관계)를 안고 삽니다. 어느 생명도 관계에서 벗어나 살아갈 수는 없습니다. "타인은 지옥이다"라고들 하지만, 사람을 끊고 홀로 살면서 인간으로서의 삶을 영위하기는 어렵습니다. 숲을 이루는 원리는 우리에게 삶을 위한 관계의 지혜를 전합니다. 그렇다면 숲 생명들이 맞닥뜨리는 관계에는 어떤 종류가 있을까요?

앞서 살핀 것처럼 관계는 작용의 측면에서 생과 극으로 나눌 수 있습니다. 그리고 관계를 대상의 측면에서 보면 '나와 나 자신과의 관계', 그리고 '나와 나 아닌 것 사이의 관계'로 나눌 수 있습니다. 표에서 보듯이 **생의 관계**는 살리는 관계입니다. 이는 선물 같은 관계로, 존재를 일으켜 세우고 부추기며 성장케 하고 자연스럽게 끌어당깁니다. 생의 관계와 접속할 때, 삶에는 기쁨이 차오릅니다. 반면 **극의 관계**는 존재를 위축시키고 시들게 하는 관계로, 풀어야 하는 숙제 같은 것입니다. 존재를 가로막고 억압하며 주저앉히는 힘으로 작용합니다. 그래서 본능적으로 밀쳐내고 싶어지며, 이 관계와 대면할 때 삶에는 곤란이나 아픔이 찾아옵니다.

대상 　　작용	생	극
나와 나 자신과의 관계	선물 같은, 살리는, 부추기는, 끌리는, 일으켜 세우는, 성장케 하는, 기쁜…	숙제 같은, 시들게 하는, 억압하는, 밀쳐내는, 주저앉히는, 가로막는, 아픈…
나와 나 아닌 존재와의 관계		

관계는 삶을 삶이게 하는 원인이자 결과입니다. 생명성을 잃지 않는 한 생명은 생의 관계에 자연스레 끌려 그 관계를 좇습니다. 반면 극의 관계는 어떻게든 해소하려 합니다. 살아가는 내내 이 과정이 점철하면서 그 존재의 꼴이 서서히 빚어집니다. 생과 극이라는 대극적 요소와 조화를 이루기 위해 도전하고, 시행착오와 방황을 겪으면서도 다시 모험을 시작할 힘, 즉 생명성을 잃지 않는 것이 중요합니다. 그것이 주

어진 삶을 제대로 사랑할 실마리 노릇을 하기 때문입니다. 우리가 **생명성을 훼손당하면** 어떤 증상을 보일까요? 삶이 시들기 시작합니다. 주체성은 약해지고 의존성이 강해집니다. 내가 사랑할 존재를 찾기보다 나를 사랑해줄 존재를 찾으며 살아갑니다. 생산적인 활동보다 소비지향적인 활동이 많고, 창의적이고 유연하기보다 익숙한 패턴에 기대기를 좋아합니다. 마음은 자주 경직되고, 때로는 집착합니다. 마음의 기저에는 고질적인 불안이 도사리고 있는 경우가 많습니다.

많은 사람이 나와 나 아닌 존재와의 관계에만 신경을 씁니다. 하지만 그 못지않게 나와 나 자신이 맺는 관계도 중요합니다. 내 안에도 나 자신을 일으켜 세우는 작용과, 시들게 하는 작용이 함께 있습니다. 원리의 측면에서는 마음도 크게 다르지 않습니다. 사랑하는 마음과 미워하는 마음, 모험을 추구하는 마음과 두려움을 느끼는 마음, 절제하는 마음과 욕망하는 마음이 우리 안에 함께 살고 있습니다.

이처럼 관계를 그 작용 면에서 보면 생과 극이 있지만, 관계를 대상 면에서 보면 생물 요소와 비생물 요소로 나누어 파악해볼 수 있습니다. 앞서 보았던 냉이는 상대적으로 키가 작은 풀이면서 빛이 많이 드는 공간에서 살아가는 성을 지녔습니다. 냉이는 같은 서식지에서 살아가는 키가 큰 다른 풀들의 훼방을 극의 관계로 만나게 됩니다. 그래서 냉이는 이른 때에 먼저 생장을 시작하여 일찌감치 열매를 맺은 뒤 생을 갈무리하는 삶의 꼴을 갖추게 된 것입니다.

관계로 작용하는 생물 요소는 '식물 대 식물'에만 국한되지 않습니다. '동물과 식물'이 서로에게 생과 극의 관계로 작용할 수 있습니다. 엉겅퀴나 방가지똥, 두릅, 산초 같은 식물은 동물에게 긴긴 시간 뜯겨왔습니다. 그 식물에게 동물은 극의 관계로 작용하고, 반대로 동물에게 식물은 생의 관계로 작용하는 셈입니다. 끝없이 뜯겨야 하는 관계를 극복하기 위해 엉겅퀴나 방가지똥은 잎에 예리한 침을 만들었고, 두릅과 산초는 날카롭고 견고한 가시를 만들어 자신을 보호합니다.

한 가지 더 기억할 것은 극의 관계라고 해서 **내내 극으로만 작용하진 않는다**는 점입니다. 극은 곧 생의 관계로 전환되기도 합니다. 예컨대 냉이와 같은 서식지에 살던 키가 큰 풀들도 겨울 전에 삶을 갈무리합니다. 사위고 스러져 큰 키 만큼의 거름으로 되돌아갑니다. 덕분에 냉이 씨앗은 조금 더 비옥한 토양을 누릴 것입니다. 극의 관계에서 냉이의 삶을 일으켜 세우는 생의 관계로 그 작용이 바뀌는 셈입니다. 하지만 **생의 관계는 다시 극의 관계로 돌아오게 되어 있습니다.*** 수

---

* 짐작했겠지만 생과 극은 한 덩어리로, 동전의 양면처럼 하나의 몸이 지닌 두 얼굴에 불과합니다. 여기서는 이해를 돕기 위해 둘을 나누고 있습니다. 결론 부분에서 더 자세히 밝힙니다.

넌 동안 유기물이 쌓이고 흙은 점점 비옥해집니다. 그 서식지는 이제 키가 더 큰 식물들의 차지가 됩니다. 냉이의 씨앗이 발아하기엔 부적합한 땅이 되는 것이지요.

숲의 생명들에게 생과 극으로 작용하는 비생물적인 요소는 다양합니다. 우선 빛과 수분, 온도, 바람(공기) 같은 기후적 요소가 아주 중요합니다. 토양도 중요한 요소입니다. 흙의 종류와 성질, 상태도 숲의 생명들에게 매우 중요한 관계로 작용합니다. 지형 또한 생명에게 깊은 영향을 끼칩니다. 생명 서식지의 고도가 얼마나 높고 낮은지에 따라, 방향이 남사면인지 북사면인지에 따라, 혹은 능선부인지 계곡부인지 그 위치에 따라 작용하는 생과 극의 조건이 달라집니다.*

따라서 숲의 생명들은 단순히 살아가는 존재들이 아닙니다. 모두가 자신을 둘러싼 무수한 관계 속에서 자기 아닌 것들과의 관계를 성실히 감당하고, 생의 요소를 좇고 극의 요소는 해소해가며, 자신만의 세계를 지키고 종을 이어가고 있습니다.

인생도 크게 다르지 않습니다. 삶 앞에 놓이는 생과 극의 모든 관계가 차곡차곡 삶을 삶이게 하는 요소들이 됩니다. 생

* 숲을 전문적으로 이해하는 데에는 필수적인 부분들이지만, 우리의 목적지는 다른 곳이므로 여기서는 자세히 다루지 않습니다. 다만 구체적인 생명의 사례에서 몇몇 요소를 짚고 있습니다. 숲 생태계의 환경 요소에 대해 더 자세히 알고 싶다면 다음 책을 참고하시기를 바랍니다. 이경준, 《산림생태학》, 향문사, 1996.

의 요소에 대한 지나친 추구도, 극에 대한 나약한 회피도 없이 그것들과 온전한 관계를 맺어가야 합니다. 숲의 생명들이 들려주는 지혜의 말이 도움이 될 것입니다. 이제 그들이 각자의 생에 놓이는 관계들과 얼마나 아름답고 지혜롭게 화해하는지 만나보겠습니다.

13장

나아가라 하면 나아가고
물러서라 하면 물러나고

계절은 만물에 요청합니다.
지금은 깨어날 때라고, 일어설 때라고.
아니, 지금은 물러날 때라고.
지혜로운 생명들은 그 요청에 예민하고 능동적입니다.

숲에 관한 생태학 교과서는 생과 극으로 작용하는 요소들을 비중 있게 다루고 있습니다. 하지만 숲과 깊게 교감해보면 그 교과서들이 경시한 요소가 한 가지 있다는 것을 알아채게 됩니다. 바로 **계절**입니다. 계절이 변하면 온도도, 바람도, 물도 달라집니다. 지상의 살아 있는 존재들뿐만 아니라, 땅속의 미생물도 전부 변화합니다. 계절은 생명이 맺는 모든 관계 가운데 왕의 지위에 있다고 봐야 마땅합니다.

계절 또한 태극이 품고 있는 대극적 성질을 고스란히 지니고 있어 모든 생명에게 생과 극의 관계로 작용합니다. 어떤 계절은 기회(생의 관계)로, 어떤 계절은 위협(극의 관계)으로 찾아옵니다. 모든 생명은 계절의 변화가 일으키는 작용에 능동적으로 화답해야 합니다. 자신의 때에 적절히 화답하지 못하면 그 생명은 위태롭게 됩니다. 자신의 때를 알지 못하는 생명은, 결국 어려움을 겪게 됩니다. 계절이 나아가라고 할 때는 나아가야 하고, 물러서라고 할 때는 물러나야 합니다. 우주의 운동성이 펼치는 **계절과 시간의 변화**야말로 생명들에겐 가장 근원적인 독립변수라 할 만합니다.

계절은 우주가 빚고 있는 장구한 리듬이고, 생명은 그 리듬이 드러내는 변화에 대대손손 민감했습니다. 사람도 예외일 수 없습니다. 자연과 더불어 살아가는 이들은 계절의 흐름과 변화에 더더욱 예민합니다. 어부는 어부대로, 농부는 농부대로, 노동자는 노동자대로, 모두 계절의 변화에 삶을 의존하기 때문입니다. 계절은 인간에게 일상의 재편을 요구했습니다. 언제 마늘을 심고, 언제 감자를 심고, 언제 모내기를 할지, 또 그 결과물을 언제 수확할지 정하는 일은 중요했습니다. 달력은 생존을 위해 반드시 필요했습니다. 달력 없이 계절의 변화를 구체적으로 가늠하기는 어려웠으니까요. 계절의 변화는 늘 앞선 계절과 뒤따르는 계절이 서로 뒤섞이는 중첩 속에서 시작되기에 더더욱 그랬습니다. 입춘 이전까지는 겨울, 이후부터는 봄으로 일도양단하듯 계절을 구분하기는 어렵습니다. 계절 역시 음 속에 양이 있고, 양 속에 음이 있는 태극의 본모습을 표현하며 변화해가기 때문입니다. 봄은 겨울 끝자락과 중첩되어 다가옵니다. 봄인가 싶어 가벼운 옷을 입고 외출했다가 갑자기 추위가 닥쳐 오돌오돌 떨었던 경험이 누구에게나 있을 것입니다. 초여름도 봄과 밀고 당기며 서로 겹쳐서 찾아옵니다. 그렇게 가을이 오고, 겨울이 오고, 다시 봄이 찾아옵니다.

농경에 기대어 살던 사람들은 자연의 리듬을 하루하루 읽으면서 삶의 바탕을 챙겨야만 했습니다. 하지만 민중에게 달력은 귀했기 때문에 달력 없이도 계절의 변화를 감지해야 했습니다. 그 결과, 많은 사람이 일 년을 스물네 마디로 나눈 절기를 줄줄 외며 살았습니다. 절기를 염두에 두면서도 그들에겐 계절의 리듬이 바뀌는 징후를 더 분명하게 느끼고 알아챌 방법이 필요했습니다. 그래서 달력보다 훨씬 구체적이고 감각적인 방법을 찾아냈고, 그것을 긴 세월에 걸쳐 전수했습니다. 섬진강 어귀에 산다는 어느 유명한 시인이 제게 가르쳐준 것처럼, 시골 사람들은 오동나무에 꽃이 피면 그때부터 여름이 시작되는 걸로 짐작했던 것이지요. 일생 농사를 짓다가 몇 해 전 세상을 떠나신 마을 할머니는 진짜 봄은 삼짇날부터라고 했습니다. 이 무렵 드디어 나비가 선을 보이고 '강남 갔던 제비'도 다시 돌아온다고, 뱀도 겨울잠에서 깨어나 활동을 시작하니 그 생명들이 눈에 띄면 진짜 봄이 시작되는 거라고 당신의 오래된 감각법을 전수해주었습니다.

저는 이 감각법을 좋아합니다. 오동나무에 이어 아까시나무마저 꽃을 터트리면 곧 여름의 리듬이 왕성해질 때입니다. 뒤질세라 이팝나무에도 한가득 꽃이 피었다가 질 것이고, 그 열매가 커질 무렵이면 제비나비가 사랑하는 자귀나무에도 꽃이 그득히 피었다가 질 것입니다. 얼마 뒤엔 화단에서 꿀벌의 지극한 사랑을 받는 능소화와 무궁화가 오래도록 피었다가 질 것입니다. 숲의 경계 지대를 더듬으며 사는 칡덩굴은 이즈음에 연보라색 꽃을 피우고, 달콤한 향기를 이리저리 풍길 것입니다. 그즈음이면 장마가 무심히 스치고, 숲은 매미들의 노래와 더불어 더없이 울울창창할 것입니다. 짙은 여름의 풍경이지요.

인간만이 아니라 다른 동물도 계절의 리듬에 민감합니다. 한여름이 되면 숲 밖에 사는 동물 대부분이 헉헉댑니다. 두꺼운 털옷을 원망도 없이 입고 혓바닥을 최대한 길게 뽑은 상태로 가쁘게 숨을 헐떡이는 이웃집 개를 굳이 떠올릴 필요도 없습니다. 일찍이 숲을 떠나온 인류도 이제는 선풍기나 에어컨을 끼지 않고는 이 계절의 무더위를 견디지 못하니까요.

꿀벌들의 한여름도 숨 가쁘기는 마찬가지입니다. 여름의 리듬이 시작되면 벌들도 실개천 가장자리나 웅덩이 같은 곳으로 자주 찾아갑니다. 그곳에서 연신 물을 마시고 머금은 뒤 제 집으로 쏜살같이 돌아갑니다. 벌들은 그렇게 공수한 물을 어디에 쓸까요?

벌이 군집을 이뤄 생활하는 벌통 안은 한여름에 대단히 덥습니다. 자신들을 깨우고 다시 날도록 따사롭게 도왔던 봄날의 햇살이 이제는 극의 관계로 작용하는 것입니다. 꿀벌들은 이 관계를 어떻게든 풀어야 합니다. 선풍기도 없던 시절, 한여름에 사람들이 마당에 물을 뿌려 집안으로 무더운 바람이 들어오지 않게 했던 원리를 꿀벌들도 알고 있었습니다. 벌들은 벌통 안의 온도를 낮추기 위해 연신 물을 퍼 나릅니다. 뿌려진 물은 벌통의 열기를 머금고 기화합니다. 기화열을 이용해 꿀벌은 벌통의 내부 온도를 낮추는 것입니다. 꿀벌이 한여름 자신들을 극하는 계절의 리듬과 화해하는 방법이 이토록 신비롭습니다.

한여름 극으로 작용하는 햇살은 봄에는 생으로 작용했던 요소임을 잊지 말아야 합니다. 봄철 해가 점점 길어지면서 해사한 햇볕이 들기 시작하면 기온이 조금씩 오릅니다. 봄날 기온의 상승은 일벌과 여왕벌의 본능을 자극합니다. 이때 꿀벌을 관찰하면 새봄을 맞이하는 사람들처럼 그들에게도 생동

감이 넘칩니다. 하지만 여름철 기온의 과도한 상승은 생의 요인이었던 것을 극의 요소로 반전시킵니다. 한여름 실개천에서 연신 물을 머금어 퍼 나르는 일벌들을 본다면 그들이 극으로 찾아온 계절의 리듬과 열심히 조화를 추구하고 있다는 것을 기억해주시기를 바랍니다.

숲 가장자리에서 작은 키로 사는 조팝나무와 병꽃나무에 제 고운 꽃이 피면 봄의 리듬이 짙어지는 때입니다. 이 무렵이면 귀도 호사를 누립니다. 겨우내 들리지 않았던 새소리들이 여기저기 반갑게 들려오기 시작하니까요. 뒤이어 오동나무꽃과 아까시꽃, 찔레꽃이 필 무렵이 되면 더더욱 다양하고 아름다운 새소리들이 날마다 들려옵니다. 낮뿐 아니라 밤에도 한결 아름다운 소리가 들리기 시작합니다. 더없이 고운 새소리는 밤 숲의 적막을 섬광처럼 가르며 아득한 곳까지 퍼져 나갑니다. 모두 늦가을부터 봄까지는 전혀 들을 수 없었던 새소리들입니다. 그 특별한 새소리들은 어떤 새들의 노래일까요? 왜 다른 계절에는 들리지 않았을까요? 우리 산하를 떠났던 철새들이 이즈음 다시 숲으로 돌아와 노래를 시작하기 때문입니다.

철새들의 노래는 대부분 절창 絶唱입니다. 텃새들의 그것보다 대부분 훨씬 곱고, 더 멀리 닿습니다. 우리 숲으로 찾아오는 대표적인 여름 철새인 검은등뻐꾸기의 노래는 네 음절의 스타카토를 닮았습니다. '호, 호, 호, 호.' 자연에 무관심한 사람일지라도 한두 번은 이 새의 노래를 들어보았을 겁니다. 저 소리를 매년 다시 처음으로 듣는 날에는 홀로 반가워서 버릇처럼 외칩니다. "또 와줬구나. 반갑다 얘들아! 너와 나 모두 지난겨울을 탈 없이 건너와 또 한 번의 찬란한 봄을 만나는구나."

검은등뻐꾸기의 노래에 뒤이어, 혹은 비슷한 시기에 들리기 시작하는 꾀꼬리의 노랫소리는 어떨까요? 꾀꼬리의 노래는 철새들의 소리 중 단연 최고입니다. 안타깝게도 제게는 그 아름다운 음색과 가락을 글로 전달할 재주가 없습니다. 《삼국사기》에 수록돼 전해지는 〈황조가〉의 황조가 바로 꾀꼬리인 것은 모두 알 것입니다. 노란 몸빛도 아름답지만, 그 노래는 으뜸 중의 으뜸입니다. 예로부터 아름다운 목소리를 내는 사람들에게 '꾀꼬리 같다'라고 하는 이유를 수긍할 것입니다. 또 다른 여름 철새인 소쩍새 소리 또한 누구나 알 것입니다. '소쩍, 소쩍!' 그들의 노래가 들리는 밤엔 까닭 없는 위로가 찾아오기도 합니다. 떠났던 철새가 돌아오면 우리가 숲으로부터 거저 얻는 평안이 한층 더 커집니다.

그런데 어째서 텃새보다 철새들의 노랫소리가 더 선명하게 들릴까요? 그건 아마 철새가 극복해야 할 절박한 숙제 때문일 것입니다. 철새는 먼 거리를 이동하며 살아가는 생활사를 택하고 있습니다. 그들이 그토록 고단한 삶을 선택하는 까닭은 **계절에 담긴 생과 극의 로고스** 때문입니다. 모든 지역에는 계절이 있습니다. 북극에 가까운 고위도 지역일지라도 서로 반대되는 계절은 반드시 있고, 그것은 교대하며 순환합니다. 철새는 이 대극의 질서 위에서 계절이 자신들의 삶에 극으로 작용할 때, 그 열악함을 극복하기 위해 과감히 모험을 선택한 존재들입니다. 그들은 인간이 상상하기 어려운 거리를 해마다 날아가고 또 날아오는 존재들입니다. 험준한 산맥과 광활한 바다를 건너야 하는 고단함을 껴안으며 더 적합한 서식지를 찾아 나서는 모험을 기꺼이 감행했고, 그 모험에 성공한 유전자가 대를 이어 계속 전승된 것입니다.

여름 철새는 우리나라를 번식지로 삼고 들어와 각지로 흩어지는 생명입니다. 그들은 이 땅에서 우리의 계절이 허락하는 짧은 시간 동안 기필코 짝을 찾아야만 합니다. 그래야 삶의 온전성을 확보할 수 있습니다. 그들 삶의 온전성은 우리 땅으로 날아와 사랑하고, 알을 낳고, 자식을 키워 독립시키고, 먹이를 구하기 어려운 계절이 도래하기 전에 자신들의 월동지로 돌아가는 것입니다. 하지만 머물 수 있는 시간의 유한성이 그들을 극합니다. 그 절박함이 그들의 생명 본능을 두드립니다. 그래서 철새들의 노래는 매혹적이어야 하며, 소리가 멀리까지 뚫고 나가야 합니다. 그러니 이맘때 철새들이 부르는 노래가 제 귀에는 아름다운 아우성으로, 절박한 사정이 빚는 절창으로 들립니다.

38억 년 생명의 역사에서 모든 생명은 죽음을 앞에 두고 살아가기 시작했습니다. 누구는 **생의 유한성**을 비극이라고 말합니다. 또 누구는 무한히 자기를 복제하며 영원히 살아가던 생명이 마침내 죽음을 발명한 것은 축복이라 말합니다.* 당신은 어느 쪽인가요? 저는 둘 다 절반만 맞게 표현하고 있는 것으로 듣습니다. 우리가 생의 유한성을 비극이면서 동시에 축복으로 파악할 때, 그 실체에 더 온전히 다가설 수 있다고 보기 때문입니다.

유한함을 '그냥 아는 것'과 '온전히 아는 것'은 근본적으로 다릅니다. 유한함을 그냥 아는 이는 그것을 비극이나 축복

---

* 이나가키 히데히로稲垣栄洋는 죽음을 "38억 년에 이르는 생명의 역사에서 가장 위대한 발명 중 하나"라고 표현했습니다. 이나가키 히데히로, 박유미 옮김, 장수철 감수,《패자의 생명사》, 더숲, 2022.

으로 구분하여 한쪽으로만 인식하고 행동합니다. 하지만 온전히 아는 존재는 그 둘을 모두 받아들이는 방식으로 살아갑니다. 그는 삶과 죽음을 역설로 이해합니다.[**] 그리하여 **생의 유한성을 온전히 아는 이**는 세계를 다만 아깝고, 오직 귀하게 여깁니다. 붉게 물드는 단풍을 다시 볼 수 있는 이번 가을이 그에겐 너무도 귀합니다. 그래서 참으로 아깝습니다. 새로 맞는 봄도 귀해서 아깝습니다. 그는 가을이, 그리고 봄이 매번 다시 그냥 찾아올 걸로 생각하지 않습니다. 지금 보는 저 단풍이 생에서 마지막 보는 단풍일 수도 있다는 것을 진정으로 알기 때문입니다. 그러니 지금 듣는 철새의 노래 역시 귀해서 아깝고, 이제 막 말을 시작한 저 어린 것들의 웃음과 울음이 귀하고 아깝습니다. 귀하고 아까워서 삶에 다가서는 모든 사태와 존재를 마디고, 또 마디게 마주합니다. 그는 헤프게 소비하는 하루, 그저 시간을 죽이기 위한 순간이 없도록 살아갑니다. 그는 고단하더라도 기쁨을 나눌 수 있는 사람과 함께 살려고 합니다. 그는 자신의 추구가 간혹 아프더라도 기쁜 경험을 얻는 삶을 향해 모험합니다.

우리 삶도 계절 같은 것임을 알고, 맞이하는 계절의 유한

[**] 인간 마음의 대극과 역설에 관심이 있다면 다음 책을 참고하시기 바랍니다. 로버트 A. 존슨·제리 룰, 신선해 옮김, 《내 그림자에게 말 걸기》, 가나출판사, 2020.

성마저 온전히 아는 이라 하더라도, 무더위나 혹한 같은 극의 계절을 피해 갈 수는 없습니다. 하지만 생에 대한 사랑과 지혜가 있는 그는 꿀벌 같은 태도로 그 계절을 보낼 것입니다. 그에겐 바꿀 수 없는 무더위를 원망하는 일은 없을 것입니다. 오직 연신 물을 퍼 날라 삶을 보살필 것입니다. 그러다가 땡볕 아래에서 마지막 숨을 내뱉게 되더라도, 그는 자신에게 다가온 삶을 정성으로 맞이하고 또 보살피다가 떠날 것입니다. 그러면서도 그는 대극을 허물어 역설로 나아갈 것입니다. 생이 곧 극이고, 극이 다시 생임을 아는 그는 철새들의 절창처럼 삶을 노래하다가 떠나려 할 것입니다. 나아가야 할 때는 아무런 근심도 없이 나아가고, 물러서야 할 때는 어떠한 미련도 없이 물러나는 지혜로 살 것입니다.

4부

생과 극의 향연,
사계절

14장

차라리 눈을 맞으면서도,
비록 낮은 자리에 있더라도

생명 모두는 덕분에 태어나고, 덕분에 살아가게 됩니다.
동시에 그 '덕분' 때문에 숙제가 생겨나기도 합니다.
은혜를 입었던 존재로부터 파생되는 삶의 숙제를
대수롭지 않게 풀어가는 이른 봄꽃들의 지혜는 감동적입니다.

"사계절 중 어느 계절에 가장 많은 꽃이 필까요?" 이렇게
물어보면 십중팔구 봄이라고 대답합니다. 겨울에서 봄으로
바뀌는 중첩의 시간에 우리 산천은 아직 생기라고는 느끼기
어려운 무채색 일색입니다. 봄꽃은 그 무채색의 산천을 배경
으로 별안간 환한 빛을 토해내면서 피어납니다. 피었다 하면
모두 돋보이는 지위를 얻습니다. 시린 겨울을 건너온 사람들
에겐 그 화사한 봄꽃이 더없이 각별하고 반갑기 마련입니다.
그 풍광에 자신도 모르게 마음이 동해서 더러 꽃구경을 떠나
본 경험도 있을 것입니다. 하지만 만물의 실상은 종종 우리
의 기억과는 다른 경우가 많습니다. 꽃 세계의 실상도 그렇습

니다. 계절별로 피는 꽃을 기준으로 만든 도감에 따르면 봄에 피는 꽃은 전체 꽃의 대략 15퍼센트 정도에 불과합니다. 가장 많은 꽃이 피는 계절은 오히려 초록 가득한 여름철입니다. 여름에 피는 꽃이 전체의 대략 절반 정도를 차지한다고 합니다. 그렇다면 사람들의 기억과 달리 꽃은 왜 봄이 아닌 여름에 가장 많이 필까요?

누군가를 최대한 온전히 이해하는 방법은 **그가 되어 보는 것**입니다. 진심으로 그의 처지에 서 볼 때 내 자리에서는 보이지 않던 것들이 차츰 보이고, 들리지 않던 것들이 서서히 들려오기 시작합니다. 이것이 가슴으로 세계를 공부하는 방법의 요체입니다. 흔히 타자의 처지를 헤아리는 일은 '피곤한 일'이라고들 말합니다. 하지만 해보면, 그 과정에서 타자와 깊이 연결되는 경험과 함께, 메말랐던 나의 가슴이 서서히 부드러워지고 연민의 마음이 발현되는 것을 느끼게 됩니다. 또 더러는 오히려 그 존재로부터 깊은 위로를 얻을 것입니다. 그 존재와 내가 공명할 수도 있다는 걸 알게 됩니다. 이런 태도로 식물의 처지에 서서 봄과 여름은 어떤 계절일지 생각해보겠습니다.

만약 숲에서 나무나 풀이 혼자서만, 혹은 듬성듬성 떨어져 어떤 타자로부터도 간섭을 받지 않고 살아갈 수 있다면, 그 식물은 어느 계절에 제 꽃을 피우는 것이 제일 안전하고 좋을까요? 아마 여름일 것입니다. 식물 처지에서 여름은 거의 모든 조건에서 유리한 때입니다. 여름은 일조량과 강우량, 매개자 모두가 풍부한 때라서 그렇습니다. 온도 역시 다른 어느 계절과 비교할 수 없을 만큼 유리합니다. 한여름은 동해凍害나 냉해冷害*를 입을 염려가 거의 없는 계절입니다. 그런 까닭에 가장 많은 식물이 제 꽃을 피우는 계절로 여름철을 선택하고 있을 것입니다.

하지만 숲에는 이 상식을 뛰어넘는 식물들이 더러 있습니다. 아직 겨울 추위가 다 가셨다고 하기 어려운 때, 쌓인 눈이 다 녹지 않고 남아 있는 환경에서 종종 눈을 녹이면서 혹은 눈을 맞으면서 꽃을 피우는 식물들이 있습니다. 오늘날 온라인에서 눈 속에 핀 꽃 사진으로 자주 등장하는 복수초(얼음새꽃이라고도 부릅니다)**, 앉은부채라는 식물 역시 그러합니다. 그들 삶의 절정기는 겨울과 중첩된 이른 봄입니다. 그들은 어떤 나무도 제 잎을 틔우지 않아 아직은 무채색만 가득한

---

* 엄밀하게는 영하의 추위에서 입는 피해를 동해, 영상의 기온에서 입는 추위 피해를 냉해로 구분합니다.
** 복수초의 옛 이름 중 하나인 '얼음새꽃'은 이제 어느 지역에서 부르던 향명鄕名의 지위에 있지만, 얼음 사이에서도 피는 꽃이라는 그 이름이 너무 예뻐서 그를 복원하고 싶은 마음에 이 책에서는 '얼음새꽃'을 고집합니다.

숲에서, 더러 눈도 내리고 밤에는 영하로 기온이 떨어지는 악조건 속에서 제 꽃을 피우는 생명입니다. 그들이라고 이처럼 불리한 때 꽃을 피우고 싶겠습니까. 할 수만 있다면 그들 또한 더 따뜻한 계절을 자신의 때로 삼고 싶겠지요. 비슷한 기온 조건에서 피어나는 변산바람꽃, 현호색, 산괴불주머니도 그럴 것입니다. 꽃샘추위가 들이닥치는 이른 봄에 제 꽃을 활짝 피우는 개나리, 진달래도 불리한 조건이긴 마찬가지일 것입니다. 그런데도 이른 봄, 눈 속에서라도 꽃을 피워야 하는 존재들은 도대체 어떤 사연을 품고 있을까요?

그것은 **숲이 결코 홀로 살 수 없는 공간**이기 때문입니다. 알다시피 숲은 미생물로부터 동물, 식물까지 다양한 생물이 서로 얽히고 의지하며 살아가는 거대한 생명 공동체입니다. 특히 숲의 형성에 있어 절대적인 역할을 하는 식물은 바닥의 아주 작은 풀이나 양치식물로부터 거대한 높이로 자라는 교목에 이르기까지, 서로 생과 극의 관계로 이리저리 얽히면서 수직의 공간 구조를 형성합니다. 그 생명의 탑을 수직으로 살펴보면 이른 봄꽃들의 사연을 읽어낼 실마리를 얻을 수 있습니다.

숲의 가장 낮은 자리, 촉촉한 그늘 속에는 이끼나 키 작은 풀이 살고 있습니다. 그들 주변에는 부러진 나뭇가지, 물기를 머금거나 썩어가고 있는 낙엽, 이런저런 버섯들이 있습니다.

그 위로는 진달래나 쥐똥나무, 산초, 인동덩굴 같은 떨기나무(관목)가 자리를 잡고, 그 위로는 신나무와 쪽동백, 때죽나무, 참나무 등이 하늘을 향해 가지를 뻗습니다. 더 깊은 숲이라면 주목 같은 아교목이 공간을 채우고 있을 것입니다. 더 위쪽 공간으로는 다 자란 아까시나무나 오동나무, 층층나무, 산벚나무, 팽나무 등이 서 있고, 깊고 오래된 숲이라면 서어나무처럼 키 큰 교목들이 하늘과 맞닿은 채 살아가고 있을 것입니다. 조림造林의 흔적이 있는 숲이라면 은사시나무나 일본잎갈나무처럼(제주도의 경우라면 삼나무, 편백나무) 교목 중에서도 더 높게 자라는 나무들이 최상층 공간을 차지하고 있을 것입니다.

앉은부채와 얼음새꽃은 가장 낮은 자리에서 한 뼘도 되지 않는 지극히 작은 키로 살아가는 풀들입니다. 이들의 처지를 이해하기 위해 새삼 떠올릴 것은 모든 존재는 관계 속에서 태어나고 살아간다는 점, 씨앗은 아무 데서나 발아하지 않는다는 로고스입니다. 얄궂게도 자연 상태에서 이들이 태어날 수 있는 땅은 키 큰 나무들이 먼저 살고 있는 공간입니다. 즉, 앞서 숲을 이룬 생명들의 낙엽과 껍질, 부러진 가지 같은 유기물이 숲 바닥으로 떨어져 어느 정도 양분을 머금게 된 토양이라야 그들의 씨앗이 발아할 수 있습니다. 물론 그중에서도 앉은부채는 얼음새꽃보다 더 습윤한 곳에서 발아하고, 얼음

숲의 천이*

새꽃은 상대적으로 빛이 조금 더 드는 땅에서 발아합니다. 이런 미세한 차이에도 불구하고, 둘 모두 앞서 숲을 차지한 식물들이 펼쳐낸 무위무불위不爲無不爲**의 공헌에 힘입어야만 태어날 수 있습니다. 척박했던 땅에 개척자처럼 먼저 태어나 살고 죽은, 혹은 여전히 숲의 상층부를 차지하고 있는 식물 덕분에 이들은 태어날 수 있었던 것입니다.

숲의 이러한 이치로부터 우리는 삶에 작동하는 생과 극에 관한 흥미로운 원리를 마주하게 됩니다. 생명 모두는 생으로 작동했던 관계들 **덕분에** 태어나고 자랄 수 있지만, 그

* 시간의 추이에 따른 숲의 변화를 나타낸 것입니다. 그림의 출처는 www.morfo. rest의 〈Forest Succession: Reforestation and Natural Regeneration Are Complementary〉입니다.
** 《도덕경》 37장에 기록된 노자 사상의 정수, "도상무위이무불위道常無爲而無不爲"에서 빌린 표현입니다. 영어로는 'do nothing and do everything', 즉 '아무것도 하지 않으면서 모든 것을 이룬다'로 번역됩니다. 노자는 숲이 스스로 푸르러지고, 향기로워지는 현상 속에 담긴 이치를 고스란히 간파하고 있습니다.

관계들 **때문에** 극복해야 할 숙제를 떠안게 된다는 것입니다. 자신보다 먼저 숲을 형성한 상층부의 키 큰 식물들이 제 삶을 통해 펼친 무위의 공헌으로 숲 바닥에 양분이 생겼고, 그 덕분에 키 작은 존재들이 태어날 수 있었습니다. 하지만 상층부의 울울한 수관^{樹冠}이 자신들의 삶을 제약하는 요소가 됩니다. 앉은부채처럼 키 작은 존재가 되어 하늘을 올려다보면 금방 알게 됩니다. 바로 위의 키 작은 나무로부터 하늘과 닿을 만큼 우람하게 뻗어 있는 거대한 교목까지, 숲을 가득 채우고 있는 타자들의 삶은 빛이 숲 바닥까지 떨어지는 것을 층층이 방해하고 있습니다. 그 우거진 공간 아래에서 이제 부족한 빛을 포착하여 꽃을 피우고 열매를 맺어야만 합니다.

앉은부채와 얼음새꽃은 이러한 조건을 극복하기 위해 **특별한 길**을 개척했습니다. 그들은 다른 식물들이 감히 나서지 않는 계절에서 삶의 길을 찾은 존재들입니다. 겨울의 가장 늦은 시간이나 봄의 가장 이른 때, 아직 다른 식물들은 잠에서 깨지 않은 때를 오히려 삶의 절정으로 택했습니다. 이 시기 자신들보다 키가 큰 식물들은 계절의 곤란함에 순종하느라 아직 잎을 내지 않은 상태입니다. 그러므로 햇빛은 숲의 바닥까지 그대로 쏟아지는 때입니다. 즉, 키 작은 식물들도 빛을 마음껏 누릴 수 있습니다. 이미 상층부를 형성하고 있는 다른 존재들을 원망하기보다 자기 자신을 변화시키고 극복

잔설을 녹이며 피어나는 이른 봄꽃, 앉은부채. ©김혜경

해가는 과정은 매우 길고 험난했을 것입니다. 우선 추위로부터 자신을 지켜내야 하는 숙제를 어떻게 풀었을까요? 그들은 우선 농도가 짙은 부동액을 만들어 자기 몸을 무장했습니다. 다음으로는 아직 낮은 기온 탓에 희소해진 매개자들을 어떻게든 불러와야 했습니다. 그들은 자신이 피우는 꽃 내부의 온도를 바깥보다 대략 섭씨 3~6도 정도 높게 하는 비법을 개발했습니다. 겨울을 성충의 상태로 건너는 곤충 가운데 이즈음 일찌감치 활동을 시작하는 작은 생명들에게 밤 추위는 여전히 가혹할 것입니다. 절박한 그들에겐 꽃 내부 온도를 높여놓은 앉은부채와 얼음새꽃의 초대장이 너무도 반가울 것입니다. 덕분에 꽃은 자연스럽게 수정에 이르게 됩니다.

한편 이즈음은 수분의 조달이 또 다른 숙제가 됩니다. 아직 언 땅인데다, 강우량도 빈약하기 때문입니다. 이른 봄꽃을 피우는 생명들은 어떻게 그 과제를 해결할까요? 자연과 함께 생활하는 사람이라면 누구나 입춘이 지나면서부터는 햇살이 서서히 따뜻해진다는 것을 느낄 것입니다. 하늘의 움직임에 땅은 화답하는 법입니다. 땅은 하늘로부터 쏟아지는 햇살과 온기를 그 표면으로부터 머금기 시작합니다. 입춘 다음 절기인 우수가 되어야 북녘땅 대동강의 얼음이 녹는다지만, 실은 그 전부터 이미 양지바른 땅의 눈은 녹기 시작합니다. 얼어붙어 있던 숲 바닥도 촉촉해지기 시작합니다. 한낮에 낙엽층을 걸어보면 흙의 표면 부분에서 조금씩 습기가 느껴지기 시작합니다. 이때 농로農路 같은 흙길을 걸어보면 신발에 흙이 잔뜩 묻을 정도로 질척입니다.

이른 봄꽃을 피우는 존재들은 이 현상을 파고듭니다. 몸집이 작은 앉은부채와 얼음새꽃은 지하부로 뻗는 뿌리가 깊지 않습니다. 반대로 몸집이 큰 상층부의 식물들은 상대적으로 뿌리가 깊습니다. 그들의 뿌리가 뻗어 있는 조금 더 깊은 곳의 흙은 아직 얼어 있어 물의 이동이 원활하지 않습니다. 그래서 자신의 줄기와 가지로 물을 끌어 올릴 수 없지만, 저 작은 존재들은 촉촉해진 토양 표면 수분을 이용해 자신의 꽃을 피워냅니다. 아직도 숲을 지배하는 겨울의 기운 속에서 저들이 그렇게 봄의 서곡을 연주하고 난 뒤에야 숲의 상층부는 연초록의 잎으로 물들기 시작합니다. 가장 낮은 자리에서, 가장 일찍 봄소식을 전하는 저들의 삶이 이토록 간절하고 아름답습니다.

불안과 흔들림 속에서도 기어코 삶을 사랑하는 사람들을 만나보면 그들에게서 중요한 특징 하나를 발견합니다. 그들 마음속에는 **가해자가 살고 있지 않습니다.** 삶을 사랑하지 못하는 사람들은 마음속의 가해자와 오래오래 함께 살고 있습니다. 그들의 마음은 억울, 원망, 비난으로 가득 차 있습니다. 삶을 사랑하는 사람이라고 해서 억울한 일이 없을 리 없습니다. 하지만 그들은 마음의 방 안으로 가해자가 들어와 함께 살아가는 걸 허락하지 않습니다.

그들이 삶을 대하는 태도는 차라리 저 눈을 맞으면서도 꽃 피는, 이른 봄꽃을 닮았습니다. 그들은 자신에게로 쏟아질 햇빛을 속없이 가리는 존재들을 가해자로 취급하지 않습니다. 이미 벌어진 사태를 붙들고 억울해하느라 자기 삶을 시들게 두지 않습니다. 오히려 그 현실을 와락 껴안고, 자신의 하늘을 가리게 될 그들이 잎을 틔우기 전에 냉큼 꽃을 피워내는 **위대한 자기 혁명**을 이룹니다. 바꿀 수 없는 타자를 원망하기보다 바꿀 수 있는 자기를 변화시키는 혁명 말입니다.

더러 삶이 야속하다고 느낄 때면 저는 숲을 걷습니다. 숲 생명들이 억울을 어떻게 다루는지 한바탕 만나고 돌아오면, 시끄럽던 마음속에 어떤 꽃씨 같은 것이 고요히 움트는 걸 느끼곤 합니다.

15장

여름이라고 예외일 수는 없는 법

때로 타인의 삶을 부러워한 적 있었다면
여름 꽃의 말을 들어볼 일입니다.
당신의 설움과 눈물만 뜨거운 게 아니라는….

생명들에게 여름은 어떤 계절일까요? 여름은 삶을 위한 모든 조건, 모든 관계가 풍성하게 형성되는 계절입니다. 그래서 우리나라 식물의 절반가량이 이 계절에 꽃을 피운다지만, 그렇다고 여름에 꽃을 피우는 식물은 극복해야 할 과제가 과연 없을까요?

계절은 리듬이고, 그 리듬은 계절마다 다르게 전개됩니다. 일 년을 단위로 순환하는 계절은 태극의 운동성을 고스란히 담고 있습니다. 한 번 따사롭고 뜨거웠다면, 한 번은 서늘하고 추운 시간으로 회귀하는 것이 계절에 담긴 속성입니다. 봄과 여름이 각각 차오르고 발산하는 리듬을 만든다면, 이제

계절	리듬	생으로 작용하는 관계	극으로 작용하는 관계
봄	차오르는	도드라지는(주변이 무채색이어서), 독점적인(이때 활동하는 매개자에 대해서)	다소 부족한(기온, 강우량, 매개자 등이), 다소 위험이 남은(기온, 추위에)
여름	발산하는	풍부한(일조량, 강우량, 매개자 등이), 안정적인(기온)	치열한, 격화하는(가장 많은 생명의 활동이 왕성하게 전개됨으로써 경쟁이)
가을	수렴하는	헐거워지는(풀과 나뭇잎 등이), 되돌리는(풀잎과 낙엽, 열매, 등을)	추상같은(서릿발), 허락되지 않는(생장의 욕망을 거두게 하는)
겨울	응축하는	멈추고 쉬게 하는(생장과 추구 활동을), 지키게 하는(잎눈과 꽃눈, 그리고 삶을)	가두는(씨앗, 뿌리, 가지, 잎 모두 딱 그대로), 다만 견딜 것을 요구하는(어떻게든)

수렴하고 응축하는 가을과 겨울의 리듬이 그 뒤를 따르며 찾아옵니다. 이 리듬의 성질은 끝없이 교대하고 반복적으로 순환하면서 만물에 영향을 미칩니다. 모든 생명의 삶은 이 리듬 위에 놓여 있습니다. **예외는 없습니다.** 위의 표는 계절별 리듬과 그것이 생명에 작용하는 관계를 정리했습니다.

생명에게로 오가는 계절은 우주가 펼치는 신비한 연주이고 아름다운 리듬이지만, 그 안에도 대극의 속성은 고스란히 놓여 있습니다. 따라서 계절의 리듬 위에 놓인 생명들은 모두 우주의 리듬에 어긋나지 않도록 자기를 변화시키고 민감하게 조정해야 합니다. 인생도 크게 다르지 않습니다. 우주가 허락한 리듬과 어긋나면 삶은 곤경에 빠지게 됩니다. 어린아이는 어린아이로, 젊은이는 젊은이로, 중년은 중년으로, 노년은 노년의 리듬으로 알맞게 살아가야 합니다. 그러할 때 삶은 뜨고 지는 달처럼 아름답습니다. 다행히도 당신을 포함한 온 생명들에게는 조화를 이룰 힘이 근원적으로 내재되어 있습니다. 다만 생명에 부과되는 역경 역시 보편적이라는 사실도 잊지 말아야 합니다. 다시 강조하지만 이 로고스는 누구에게도, 어느 때도, 어느 공간에도 예외를 두지 않습니다. 부잣집에서 태어났든, 가난한 집에서 태어났든, 일음일양의 생과극이 모두 놓여 있다는 뜻입니다. 그러므로 꽃 피우기에 모든 여건이 가장 좋다는 여름이라고 예외일 수 없습니다.

　　그렇다면 여름은 그 계절을 선택하여 꽃 피우는 식물들에 어떤 선물과 숙제를 안겨줄까요? 달리 말해 식물들의 처지에서 여름은 어떤 계절일까요? 여름은 단 하나의 환경만 제외할 수 있다면 생육과 번식에 있어 가장 알맞은 계절입니다. 일조량, 기온, 강우량과 매개자, 모든 조건이 다른 어느 계절에 비해 안정적이고 풍요한 때입니다. 하지만 이와 같은 생의 작용 뒷면을 채우는 극의 작용이 어김없이 깃들어 있습니다. 바로 경쟁이 너무 치열하다는 것입니다. 이제 여름이라는 계절에 담긴 생과 극의 여건을 하나씩 살펴보겠습니다.

우선 여름은 광합성에 꼭 필요한 빛, 즉 일조량이 가장 풍부한 계절입니다. 하지를 중심으로 해는 가장 길고 빛은 가장 풍성합니다. 그 결과 평균 기온도 안정적으로 높아 생장과 개화, 결실에 알맞습니다. 동해, 냉해를 입을 가능성도 거의 없습니다. 또한 적도로부터 팽창하는 양陽의 기운이 수증기를 몰고 올라오면서 비도 넉넉히 내리는 계절입니다. 일반적으로 넉넉한 강우량 덕분에 흙이 머금는 습기 또한 가장 풍부한 때입니다. 식물이 자라고 꽃피고 열매 맺은 뒤, 그것을 살찌우기에 더없이 좋은 때입니다.

사람들은 꽃에 환호하지만, 식물에 있어 꽃은 열매로 가는 과정일 뿐입니다. 특히 딴꽃가루받이를 하는 식물은 모두 그 수고로운 전환을 이뤄줄 매개자를 필요로 합니다. 매개자들이 가장 왕성하게 활동하는 계절이 여름입니다. 생장과 개화, 결실로의 전환에 여름보다 유리한 조건이 갖춰지는 때는 없습니다. 그래서 여름철에 꽃을 피우는 식물이 가장 많은 것입니다.

하지만 여름은 식물들이 해결해야 하는 숙제도 함께 안겨줍니다. 바로 **치열함**입니다. 치열함은 '보통의 길'을 추구하는 존재들의 욕망이 한꺼번에 터져 나오는 공간에서 벌어지는 자연스러운 사태입니다. 생명의 길 중에서 가장 많은 개체가 선택하는 길은 가장 안전하고 무난한 길입니다. 그래서 보통의 길은 늘 북적입니다. 꽃을 피우고 열매를 맺기에 가장 무난한 계절인 여름을 선택했다면 반드시 그 북적임을 극복해야 합니다.

　여름에 산하의 빛깔은 연록과 초록을 넘어 점점 암녹색으로 바뀌어갑니다. 식물들은 비어 있는 공간이 있다면 그곳이 어디든 찾아 뻗어나가는 때입니다. 여름이 절정에 이르면 숲의 단면에서도, 입면에서도 빈 곳을 찾기 어렵습니다. 그래서 여름을 선택한 존재들의 꽃이 매개자들에게 보여지는 일은 수월하지 않습니다. 자신의 꽃을 드러낼 저마다의 **필살기**가 있어야 합니다. 타인의 삶이 부러웠던 적 있나요? 할 수만 있다면 내 삶을 내던지고, 다 가진 것 같은 그 타인의 삶을 살아보고 싶었던 적이 있나요? 여름꽃들의 필살기가 말해줍니다. 당신의 설움과 눈물만 뜨거운 게 아니라고.

　표에 정리한 것처럼, 치열한 시간 속에서 자신을 드러내기 위한 식물들의 필살기는 크게 네 가지로 요약할 수 있습니다. 첫 번째, **색色의 계책**. 암녹색에 파묻히는 여름 숲의 여건

색: 특별한 색깔로	나리, 이팝나무, 수국, 자귀나무
향: 도드라지는 향기로	아까시나무, 밤나무, 쥐똥나무
형: 왜소함을 극복할 모양으로	산딸나무, 산수국, 백당나무
시: 개화 시간의 조절로	달맞이꽃, 닭의장풀, 무궁화, 배롱나무

속에서 도드라지는 꽃 색깔을 만들어 매개자들의 눈에 띄려는 전략입니다. 사람으로 치자면 화장술이나 몸 일부를 노출하는 방법 등이 여기에 해당할까요? 두 번째, **향香의 계책**. 같은 여건에서 특별히 도드라지는 향기를 풍겨 매개자를 끌어당기는 전략입니다. 우리도 자신의 매력을 드러내기 위해, 혹은 불쾌한 냄새를 감추기 위해 향수를 사용한다는 점에서 크게 다르지 않아 보입니다. 세 번째, **형形의 계책**. 특별한 모양을 갖추는 전략입니다. 오늘날 미용을 위한 성형이 점점 더 보편화되는 우리 현실을 떠올려보세요. 마지막으로 **시時의 계책**. 꽃을 피우는 시간대나 개화 기간을 조정하여 다른 생명들과 시간적으로 차별화하는 전략입니다.

이 네 가지 전략 중 하나만을 도드라지게 쓰는 식물도 있지만, 두 가지 이상의 전략을 함께 활용하는 식물도 있습니다. 이어지는 장에서는 네 가지 전략으로 안전한 여름의 뒷면에 놓인 과제를 해결해가는 식물들의 사례를 살펴볼 것입니다.

16장

짙은 녹음 속에서 피워내는
정열의 색, 순백의 향

보통을 따르는 삶은 안전합니다.
다만 존재의 고유성을 드러내기는 어렵습니다.
숲에는 평범 속에서 비범을 이루는 존재들이 있습니다.

꽃은 환합니다. 꽃이 환한 이유는 꽃자리에서 빛이 나기 때문입니다. 빛을 저장하고 있는 씨앗은 흙 속에 파묻혀 땅 위를 두드리는 빛의 부름에 본능으로 답합니다. 부름에 반응하는 씨앗은 이제껏 자신을 지켜주던 보호막으로서의 껍질을 미련 없이 벗으며 삶으로 움트기 시작합니다. 움터서는 풀이 되거나 나무가 됩니다. 하루하루 열심히 빛을 향해 나아갑니다. 빛을 제 몸 곳곳에 머금고 축적하며 살아갑니다. 씨앗에 저장되어 있던 근원의 빛은 껍질과 흙이 만드는 어둠을 이겨냅니다. 뻗고 나아가느라 만나게 되는 필연의 상처와 상실이라는 어둠도 어떻게든 삼켜냅니다. 그리하여 마침내 꽃으로 터집니다. **꽃은 모든 어둠을 먹고 피어나는 빛입니다.**

한번 상상해보세요. 당신은 지금 바삐 길을 걷고 있습니다. 한 발로 디딤발을 놓고 다른 발을 내딛으려는데, 그 발 바로 앞에서 조그마니 피어 있는 노란 민들레를 발견했습니다. 이제 당신은 어떻게 하실 건가요? 모든 발견은 의식이 작동해야 일어나는 현상입니다. 그것이 우연하게 이루어진 것이라 하더라도 그렇습니다. 꽃을 발견하고서도 그냥 밟고 지나갈 사람은 아마 거의 없을 것입니다. 왜 그럴까요? 예쁘고 환해서 그렇습니다. 꽃이 빛을 토하고 있기 때문입니다. 해에서 출발한 빛이 씨앗 속에 저장되어 있다가 줄기, 가지, 잎으로 흐르고 마침내 밖으로 터져 나옵니다. 그 빛은 다시 씨앗으로 응축되어 더 많은 곳으로 옮겨집니다. 씨앗이 제 일생을 살면 하늘의 더 많은 빛이 땅에서도 밝혀지는 것입니다.

하지만 여름철 우거진 숲의 녹음 속에서 꽃은 그 환한 빛을 드러내기 어렵습니다. 여름의 치열함, 이 난제를 풀어내는 아주 특별한 빛깔의 여름꽃들이 있습니다.

색의 계책을 가장 멋지게 쓰는 대표적인 식물로 먼저 나리를 꼽을 수 있습니다. 노란색 개나리가 봄에 피는 꽃이라면, 나리는 한여름인 7~8월에 피는 꽃입니다. 포괄적으로 백합이라 부르는 꽃에 속하는 나리는 순우리말로 '나비처럼 아름다운 꽃'이란 뜻을 품고 있습니다.* 나리는 빛이 좋고 비교적 양분, 수분도 괜찮은 공간을 선호합니다. 그러다 보니 수많은 풀이 무성하게 여름의 생을 다투고 있는 숲 가장자리 비탈면이나 풀밭, 때로는 절벽의 공간을 서식지로 삼습니다.

나리의 꽃은 강렬한 붉은색입니다. 꽃잎에 검은색 계열의 성긴 반점을 찍어두고 있는 나리의 붉은빛은 단연 독보적입니다. 녹음 짙은 여름의 주변 색을 다 물리치고 단박에 시선을 끌어당기는 아찔함이 있습니다. 이런 까닭으로 주변의 초록빛은 저절로 붉은빛 나리꽃의 배경이 되고 맙니다. 나리꽃의 강렬한 색은 여름의 치열함을 넘어서려는 그들만의 필살기입니다.

나리는 여름 풀더미 속에서도 매개자에게 잘 드러나야 합니다. 나리는 땅속에 묻힌 비늘줄기로부터 풀더미를 헤치며 솟구치는 곧고 긴 줄기에 제 잎을 매달고 자랍니다. 그리고 애써 뽑아 올린 기다란 줄기의 끝자락에다 꽃을 피웁니다. 하지만 그렇게 하고도 자신을 드러내기 쉽지 않은 조건인 경우가 종종 있습니다. 그렇지만 그들이 품은 생의 의지는 질기

* 김종원, 앞의 책.

고 질깁니다. 나리는 이 치열한 여름철 환경을 극복할 수 있는 안전장치를 하나 더 마련해두고 있습니다. 그들은 환경 조건에 따라 열매를 맺어서 번식하는 방법을 쓰기도 하고, 그것이 어려울 때는 육아肉芽(살눈)나 비늘줄기로도 번식합니다.**

원추리(넘나물)는 계류 주변의 서식지에서도 잘 살아갑니다. 이 점만 빼면 나리와 크게 다르지 않은 방식, 즉 색으로 여름의 치열함을 극복하는 식물입니다. 노란색 계열이긴 하지만 원추리의 꽃 역시 서식지의 주변을 압도합니다. 긴 꽃대를 뽑아 올린 뒤 그 끝에 한 송이씩 차례로 피고 지는 꽃을 피웁니다. 그리하여 기어코 여름철의 치열함 속에서도 자신을 환히 드러냅니다.

한편 **꽃을 무더기로 피워내는 방식**으로 자신의 꽃을 돋보이게 하는 여름철의 풀과 나무들도 있습니다. 대표적으로 이팝나무가 있습니다. '이밥'이라는 이북 사투리에서 유래한 이름이지요. 흰 쌀밥이 귀했던 그 옛날 민중은 이팝나무에 수북이 소담하게 피어나는 새하얀 꽃을 보면서 포슬포슬한 쌀밥을 연상했던 모양입니다(조팝나무의 이름은 '조밥'에서 비롯된 것입니다). 이팝나무의 꽃 색은 대단히 환하고 밝습니다. 아무리 녹음이 짙은 여름이라도 매개자들에게 자신을 알리는

** 흥미롭게도 해안지대를 따라 살아가는 나리는 주로 열매를 맺어 번식하고, 내륙에 사는 나리는 살눈이나 비늘줄기로 번식합니다. 김종원, 앞의 책.

일이 별로 어렵지 않습니다.

공작새를 떠올려보세요. 그 화려하고 눈부신 색깔. 숲에 공작새의 화려함에 버금가는 꽃을 피우는 나무가 있는데, 바로 자귀나무입니다. 여름철 긴 시간 동안 피는 자귀나무의 꽃은 문득 수컷 공작새를 떠올리게 합니다. 다만 이 꽃은 공작이 부채처럼 펼쳐 보이는 화려한 꼬리와는 다릅니다. 오히려 공작의 머리에 단아하게 장식된 아름다운 벼슬을 닮았습니다. 공작이 푸른빛 장식으로 암컷을 유혹하듯, 자귀나무는 분홍빛의 화려한 장식과 꿀로써 매개자를 부릅니다. 초록이 난무하는 때지만 자귀나무가 피워낸 화려한 꽃은 단연 독보적입니다. 청정한 계곡 같은 곳에서 자귀나무의 꽃을 만나거든 한번 오랫동안 지켜보세요. 운이 따른다면 보기 드문 산제비나비가 그 꽃과 나누는 사랑의 장면을 만날 수도 있을 것입니다. 그런 장면을 만나면 꽃과 매개자 모두가 얼마나 특별하고 아름다운지 한동안 넋을 잃고 보게 됩니다.

색보다는 향기로 치열함을 돌파하는 식물도 있습니다. 여름철에 향기로운 꽃 하면 떠오르는 식물이 있나요? 혹시 거기에 밤나무가 포함되어 있지 않다면 밤나무가 섭섭해할지도 모르겠습니다. 밤송이의 모습과 밤맛은 명확하게 기억하면서도 정작 밤꽃은 떠올리지 못하는 사람들이 많습니다. 언젠가 밤꽃이 아주 독특한(남성의 정액 냄새와 비슷한) 향기를 풍긴다는 풍문을 들은 듯하다면서도, 그 꽃이 정작 어떻게 생겼는지는 모르는 이들이 많습니다. 현대인들이 밤나무를 만날 기회가 드문 탓도 있겠지만, 밤꽃 자체가 인간의 뭇시선을 끌어당길 만큼 찬란하게 피는 꽃이 아니기 때문일 것입니다.

밤나무는 색이나 모양보다 오히려 향기에 공을 들여 꽃을 피우는 존재입니다. 멀찍이 서서 사람들에게 긴 꼬리 모양의 꽃을 가리키며 "밤꽃입니다"라고 일러주면 대부분 어리둥절해합니다. "이게 꽃이라고요?"하고 되묻기도 합니다. 흔히 아는 꽃 모양과는 매우 다르지만, 만개한 꽃의 향기는 소문처럼 특별하고 또한 압도적입니다. 이 강렬한 향기는 밤나무의 수꽃이 피우는 향기입니다. 그렇다면 암꽃은 어디에 있을까요? 사람들에게 다시 물어봅니다. "이렇게 길쭉한 꽃에서 어떻게 동그란 밤송이(열매)가 만들어질까요?" 그러고는 밤나무의 앙증맞은 암꽃을 가리키며 밤송이가 될 암꽃이라고 알려줍니다. 밤나무는 암수한그루지만 암꽃과 수꽃이 따로 떨어져서 핍니다. 밤나무의 수꽃은 기다란 꽃자루를 따라 줄지어 피어납니다. 암꽃은 긴 꽃자루의 안쪽, 혹은 보는 위치에 따라 위쪽에 자리하고 있습니다. 요컨대 꽃자루 상단에는 총

포(꽃싸개)로 감싼 암꽃을 피우고, 그 아래쪽으로는 간격을 약간 띄어 아주 많은 수꽃을 다닥다닥 매달 듯이 피웁니다.

본격적인 여름이 시작될 때쯤 피는 밤꽃의 그 독특한 향기를 특별히 사랑하는 생명은 꿀벌입니다. 양봉 농가들은 이 시기에 밤꽃으로부터 수집된 꿀을 별도로 채밀하여 '밤꿀'이라는 이름으로 따로 판매할 만큼 밤나무의 꽃은 단일 식물로는 막대한 양의 꿀을 생산합니다. 밤꽃은 짙은 녹음 속에서 압도적인 향기를 풍겨 벌을 부르고, 아낌없이 꿀을 나눠주는 것으로 여름철의 치열함을 극복합니다.

한편 향기와 꿀로 여름을 이겨내는 또 다른 식물로는 칡이 있습니다. 칡은 빛이 많은 땅을 선호하기 때문에 울창하고 깊은 숲에서 칡덩굴을 만나기는 어렵습니다. 오히려 산기슭, 혹은 숲에 인접한 농경지의 경계면, 도로를 닦느라 산을 절개하면서 발생한 경사면, 무덤 근처처럼 인간의 인위적 개입으로 갑자기 하늘이 열린 공간에 가야 합니다. 칡은 무성한 덩굴을 형성하여 열린 공간을 넓게 뒤덮으며 땅과 햇빛을 차지해나갑니다. 사방으로 뻗어가는 줄기는 땅에 닿은 적당한 지점에서 새로운 뿌리를 내리고 계속 뻗어나갑니다. 이 방법으로 짐승에게 뜯어 먹히거나 사람들에 의해 잘리고 뿌리가 뽑혀도 이미 다른 자리에 내려놓은 뿌리 덕분에 삶을 이어갈 수 있습니다.

칡은 영역을 확장해가는 과정에서 큰 풀이나 높은 나무가 있으면 그들을 휘감으면서 타고 오르기도 합니다. 드넓게 덩굴로 뻗어가든, 뭔가를 타고 오르든, 그건 모두 빛을 향해 살 수밖에 없는 제 본성을 실현하는 방식일 뿐입니다. 칡의 이런 모습 탓에 산림을 관리하는 현장 전문가들은 칡을 '폭목暴木'이라 취급하기도 합니다.

칡덩굴은 잎사귀가 비교적 큰 편입니다. 칡의 잎은 게다가 삼출복엽(하나의 잎자루에 세 장의 낱 잎사귀를 펼치는 잎 구조)입니다. 빽빽한 여름의 특성뿐만 아니라, 자신의 큰 잎 때문에라도 꽃을 드러내는 일이 쉽지 않습니다. 밤꽃이 쓰는 방법처럼 긴 꽃자루를 만들지만, 칡꽃의 꽃자루는 위쪽으로 향합니다. 꽃자루를 따라 보라색 꽃들이 아래로부터 위로 차례차례 촘촘하게 피는데, 꽃 가까이 가면 꿀 향기가 짙게 묻어납니다. 그리하여 칡꽃은 곤충들에게 고마운 여름 밥상 노릇을 하며 결실을 봅니다.

여름이 막 시작될 무렵에 비슷한 전략으로 벌을 공략하여 자신의 목적을 달성하는 식물이 또 있습니다. 바로 아까시나무입니다. 녹음을 향해 질주하는 초여름의 숲은 꽃을 찾는 곤충들의 시야를 점점 방해합니다. 아까시나무꽃의 향기는 이런 시각적 방해를 극복하는 데에 매우 출중한 역할을 합니다. 포도송이를 닮은 꽃차례에 우윳빛으로 피어나는 꽃의 향기와 꿀맛을 직접 체험한 사람들이 많을 테니 부연이 필요치는 않을 것입니다.

그 밖에도 특별한 향기와 꿀로 여름날의 경쟁을 이겨내는 식물은 많습니다. 쥐똥나무, 피나무, 누리장나무, 싸리나무, 쉬나무, 능소화, 꿀풀 등 그중에 볼품없이 작은 꽃을 피우는 쥐똥나무를 특별히 소개해두고 싶습니다. 쥐똥나무는 대략 2~3미터 높이까지도 자라고, 전국 어디서나 쉽게 볼 수 있습니다. 요즘은 화단의 경계에 울타리처럼 군락으로 가꾸고 있어 도시에서도 흔하게 만날 수 있습니다. 쥐똥나무의 이름은 작고 검은 열매가 쥐똥을 닮은 데에서 유래합니다. 우윳빛으로 피는 쥐똥나무의 꽃은 녹음이 짙어지는 6월에 밥알보다 작은 크기로 핍니다. 따라서 사람의 시선을 확 끌어당기지는 못하는 편입니다. 하지만 여러 송이를 가지런히 모아서 피는 것으로 자신을 드러내고, 무엇보다 아주 아름다운 향기를 풍김으로써 매개자를 유혹합니다. 작지만 흉내 낼 수 없는 향기, 쥐똥나무가 여름의 치열함을 극복한 비밀입니다.

보통을 따르는 삶이 누리는 빛은 상대적으로 안전하다는 점입니다. 다수의 방식대로 곁눈질하며 살 때 얻는 안전함.

반면 평범을 추구하는 삶에 드리우는 그림자는 존재감을 드러내기 어렵다는 점일 것입니다. 밋밋하여 주변에 묻히거나, 쉽게 잊히거나.

숲에는 다른 존재가 감히 흉내 낼 수 없는 색깔과 향기를 갖추어 평범 속에서 비범을 이룬 존재들이 있습니다. 묻히는 삶이 싫다면 그들의 생을 자세히 들여다보십시오. 거기서 삶의 지혜를 구할 수 있을 것입니다.

17장

그럼에도 불구하고 원망을 멈출 때

세상 가장 쉬운 일은 원망입니다.
내 삶의 책임이 나의 외부에 있다고 떠미는 일입니다.
그렇지만 자유와 사랑이 넘치는 삶은 거기에 없습니다.

앞서 살펴본 색과 향에 이어 여름꽃들이 자신을 드러내기 위해 찾아낸 나머지 두 가지의 전략을 살펴보겠습니다. 하나는 특별한 **모양**(형)을 연출하여 자신을 드러내는 것이고, 다른 하나는 주어진 **시간**을 능동적으로 활용하여 경쟁 우위를 확보하는 계책입니다.

초록의 보색은 빨강입니다. 보색은 서로를 가장 선명하게 드러내주는 한 쌍의 색상입니다. 여름철 나리가 붉은 꽃을 피워낸 것도 이 보색의 효과와 관련이 있어 보입니다. 하지만 여름 녹음 속에서 도드라질 것이라곤 한구석도 없는 색깔, 즉 연두색 계열로 제 꽃을 피우는 식물이 있습니다. 옛말에 "초록은 동색"이란 말이 있듯이 연두는 초록이 넘실대는 주변과 쉽게 구분되지 않으니, 여름철의 녹음 속에서 제 꽃을 드러내는 일이 얼마나 불리하겠습니까. 그런데도 산딸나무는 6월쯤 흰빛이 살짝 도는 연두색 꽃을 피웁니다. 20~30개의 자잘한 꽃을 산딸기 열매처럼 둥글게 모아 피우지만, 그 수수한 색 때문에 주변에서 돋보이기가 쉽지 않습니다. 그러나 산딸나무는 이 불리함을 놀라운 방식으로 극복합니다. 바로 자신을 성형하는 혁신을 감행한 것입니다.

산딸나무의 특별한 성형은 꽃잎에서 일어났습니다. 네 장으로 구성된 긴 타원형의 우윳빛 꽃잎. 그 크기와 광채는 연둣빛 꽃들을 감싸며 자신의 배경과 선명한 대비를 이룹니다. 멀리서도 산딸나무가 한눈에 들어오는 이유입니다. 제가 이를 성형이라 표현한 이유는 산딸나무의 이 꽃잎들은 원래 꽃잎이 아니라 꽃싸개(꽃받침잎)였다는 점 때문입니다. 꽃을 보호하던 꽃싸개를 스스로 흰빛 꽃잎처럼 변형한 것입니다. 가까이 들여다보면, 우윳빛 꽃잎 위에 잎맥이 희미하게 남아 있는 것을 볼 수 있습니다. 이 꽃잎은 처음부터 흰색도 아니었습니다. 처음에는 연두색을 띠고 광합성을 담당하다가, 꽃이 피기 직전이 되어야 비로소 흰빛으로 변하여 꽃의 위치를 환히 드러냅니다. 산딸나무는 이 혁신을 통해 수수한 꽃을 뚜렷하고 아름답게 드러내는 데에 성공했습니다. 자신의 미약함과 불리함을 탓하지 않고, 자신을 변화시켜 묻히지 않는 생을 살아내는 것입니다.

산수국도 성형의 방식으로 자신의 보잘것없는 꽃을 돋보이게 하는 존재입니다. 산수국은 그 이름에서도 알 수 있듯이 물이 흐르는 산의 계곡지나 산기슭의 바위틈 등에서 서식합니다. 키는 0.5~2미터 정도까지 자랍니다. 산수국이 꽃을 피우는 시기는 역시 여러 면에서 가장 유리한 환경이 갖춰지는 7~8월, 즉 한여름입니다. 하지만 산수국의 꽃은 좁쌀 한 알 정도의 크기로 매우 자잘합니다. 이 불리함을 극복하기 위해서 그 작은 꽃들을 다닥다닥 모아서 크게 보이도록 피웁니다. 꽃차례도 우산 모양 꽃차례나 편평꽃차례를 선택해 작은 꽃들을 한꺼번에 드러내는 데에 유리한 구조를 취합니다.

하지만 이것만으로는 부족했는지, 산수국은 특별한 성형을 단행했습니다. 산딸나무가 넉 장의 꽃잎 모양을 만들어냈다면, 산수국은 진짜 꽃차례 가장자리에 가짜 꽃(헛꽃)들을 빙 둘러 피우는 방식을 개발했습니다. 이 가짜 꽃들은 한 송이 한 송이가 진짜 꽃처럼 보입니다. 하지만 그 꽃은 '사이비'입니다. 전형적인 꽃의 모양을 하고 있지만 암술과 수술이 없

자기 혁신으로 묻히지 않는 생을 살아내는 산딸나무. ©김혜경

습니다. 그래서 불임성화, 무성화 혹은 장식화라고 부르기도 합니다. 어떤 이름으로 불리든 산수국이 삶을 지배하는 대극의 문제를 넘어서기 위해 그 가짜 꽃을 장식하고 있다는 점에 감동이 있습니다. 산수국의 가짜 꽃은 여름철에 겪는 불리함을 극복하기 위한 창의요, 혁신인 셈입니다. 한여름 산의 계곡 부근 숲에서 피어나는 산수국의 가짜 꽃, 그 속에서 우리는 여름이 주는 대극의 숙제를 넘어서는 데에 성공한 보잘것없는 한 생명의 아름다운 분투를 만날 수 있습니다.*

산수국의 신비와 감동은 여기서 그치지 않습니다. 진짜 꽃이 수정을 끝내면 가짜 꽃이 놀라운 변화를 보여줍니다. 하늘 방향으로 피었던 가짜 꽃은 진짜 꽃들이 수정을 마치면 이제 고개를 돌려서 땅을 향합니다. 산수국은 매개자들에게 자신의 상태를 친절하게 안내하는 것입니다. 산수국의 친절한 '영업 마감' 표식을 볼 때마다 저는 말 없는 식물들이 보여주는 배려를 생각합니다. 자신의 수수한 꽃을 귀한 열매로 바꿔줄 고단한 날갯짓을 조금이라도 줄여주려는 산수국의 세심한 배려를 향해 가만히 합장하곤 합니다.

---

* 산수국은 어떤 토양에서 사느냐에 따라 꽃 색이 달라집니다. 산수국을 비롯한 수국류는 알루미늄 이온이 뿌리에 집적되는 걸 막고 몸 전체로 이동시킬 수 있는 화학적 능력을 갖추고 있습니다. 이 능력 때문에 산도가 높아질수록 꽃에 푸른색이, 낮아질수록 붉은색이 짙어집니다.

신비와 감동이 있는 여름꽃, 산수국. ⓒ김혜경

여름 중에서도 특히 더 치열한 때가 있으니, 바로 한낮입니다. 숲이라는 시장의 매대에 여름꽃들이 자신을 뽐내며 일제히 진열하는 때가 바로 한낮이라고 비유하면 적절할 듯합니다. 아주 많은 벌레들이 낮에 활동합니다. 부지런히 움직이던 개미, 나비, 그리고 꿀벌은 땅거미가 내리기 전에 귀가합니다. 요컨대 자신들의 꽃을 열매로 바꿔줄 매개자들이 낮에 가장 많이 찾아오기 때문에 그 리듬에 맞춰 꽃을 피워내는 것입니다. 꽃은 열매로 전환되어야 합니다. 결실의 측면에서 보자면, 꽃은 열매를 맺기 위해 거쳐가는 중간적 형태일 뿐입니다. 그 질적 전환에 성공하려면 꽃은 매개자들이 움직이는 시간에 집중적으로 자신의 매력을 발산해야 합니다.

하지만 온갖 꽃들이 전시되는 그 시간이 오히려 부담스러운 식물도 있습니다. 높은 경쟁이 펼쳐지는 한낮에, 매개자를 끌어당길 매력이 덜한 꽃을 피우는 존재들이 그럴 것입니다. '레드 오션'의 시간이 버겁다면 그 치열한 경쟁을 회피할 고유의 전략이 있어야 합니다. 한낮을 선택한 꽃은 쳐다도 보지 않는, **한낮이 아닌 시간을 내 편으로 만드는 꽃들의 전략**을 살펴보겠습니다.

달개비(닭의장풀)는 한낮 대신 이른 아침에 부지런히 꽃을 피웁니다. 이는 여름 한낮에 집중되어 피는 다른 꽃들과 다툼을 비켜보려는 선택일 것입니다. 많은 도감은 달개비가 7~8월, 또는 6~8월에 꽃을 피운다고 기록해놓았지만, 기후 변화 탓인지 9월이 넘어서 피는 경우도 흔합니다. 달개비의 꽃잎은 전부 여섯 장입니다. 위쪽으로 두 장, 아래쪽으로 넉 장입니다. 아래쪽으로 향한 꽃잎의 색깔은 반투명 혹은 흰 색이라 도드라짐이 없습니다. 이와 달리 위로 향한 꽃잎은 그 색깔과 모양 모두 아주 특별합니다. 이 두 장의 꽃잎 색깔 은 쪽빛의 새파란 하늘을 닮았습니다. 모양도 독특해 얼핏 보면 '미키마우스'를 떠올리게 할 만큼 앙증맞고 사랑스럽 습니다.

꽃에 달린 여섯 개의 수술과 한 개의 암술도 꽃가루받이 를 위해 아주 특별하게 고안되어 있습니다. 여섯 개의 수술 중, 위쪽 네 개는 얼핏 보면 노란색의 꽃가루를 풍성하게 묻 혀 놓은 것처럼 보입니다. 하지만 이건 모두 매개자를 유인하 기 위한 가짜 수술일 뿐, 진짜 꽃가루는 묻어 있지 않습니다. 이 네 개의 가짜 수술은 처음에는 꽃밥 형상의 노란색만 띱 니다. 하지만 암술이 수정할 준비가 되면 매개자를 향해 짙은 갈색의 표식을 드러냅니다. 처음에는 네 개 중 가장 아래쪽에 있는 가짜 수술 하나에만 그 표식이 드러나지만, 시간이 흐르 면서 꽃가루받이를 도와줄 매개자가 더 절박해지면 나머지

세 개의 가짜 수술에도 같은 표식을 보여줍니다.

　이 꽃에 접근하는 가장 흔한 벌레는 꽃등에나 꿀벌인데, 이들의 움직임을 자세히 관찰하다 보면 그 표식이 바로 매개자들을 현혹하는 달개비꽃의 가짜 허니가이드honey guide라는 것을 알 수 있습니다. 하지만 그 가짜 허니가이드에 끌려 접근한 뒤에 꿀을 찾아보려 해도 벌레들은 아무것도 얻을 수 없습니다. 하지만 이때 달개비는 자신의 목적, 즉 꽃가루받이를 이룰 가능성이 큽니다. 달개비는 진짜 꽃가루가 묻어 있는 두 개의 수술을 아래쪽으로 길게 늘어뜨려 놓았습니다. 유인하는 위쪽의 수술에 끌려 벌이 달개비꽃에 접근하여 앉을 때, 이 아래쪽 수술에 몸을 지탱하게 됩니다. 이때 위쪽 수술 네 개와 아래쪽 수술 두 개 사이에 자리 잡은 암술은 가짜 수술을 열심히 빨아보는 벌의 몸에 자연스레 밀착되며 수정의 기회를 얻는 것입니다.

　이렇게 보면 달개비는 매개자에 대한 배려보다는 자기중심성이 큰 꽃이라 할 수 있겠습니다. 그래서인지 이 꽃에 매개자들이 문전성시를 이루는 모습을 보기는 어렵습니다. 이 꽃을 가장 흔하게 찾는 꽃등에는 몸이 작아서 달개비가 고안한 꽃가루받이의 메커니즘에 잘 들어맞지 않습니다. 벌은 이 꽃의 메커니즘에 딱 맞는 요건을 갖추고 있지만, 얻을 게 별로 없는 꽃이라는 걸 아는지 달개비를 찾는 경우가 흔치 않습

제 미약함을 시간의 전략으로 극복하는 달개비꽃. ©김혜경

니다. 달개비는 여름철 한낮의 치열함을 피해 이슬이 맺혀 있는 이른 아침부터 꽃을 피우지만, 한낮이 되어서도 매개자가 찾지 않으면 마침내 자가수분을 단행합니다. 꽃가루를 만들어둔 아래쪽 두 개의 긴 수술이 "암술을 부둥켜안고서 빙글빙글 꼬며"* 스스로 수정합니다.

저녁 어스름이 찾아올 때 피어나는 꽃들도 있습니다. 두해살이 풀인 달맞이꽃**은 씨앗에서 발아한 첫해에는 뿌리잎을 땅바닥에 방석 모양(로제트)으로 바짝 붙여서 겨울 추위를 이겨낸 뒤, 이듬해 봄부터 자라기 시작합니다. 다른 풀들보다 곧고 높게 자라는 것으로 풀더미의 경쟁을 이겨낸 뒤 한여름에 꽃을 피웁니다.

샛노란 색의 달맞이꽃을 문자 그대로 '달이 뜰 때만 피는 꽃'이라고 오해하지는 마세요. 실제로는 저녁 무렵에 피는 꽃이라는 특징을 짚어 지어진 이름이니까요. 달맞이꽃은 7~9월 여름철 어둠 속에서 은은한 빛을 드러내고, 가라앉는 공기 속에서 가녀린 향기를 발합니다. 낮이 있으면 밤이 있듯이, 낮을 삶의 터전으로 삼는 생명이 있다면 기어코 밤을 삶의 무대로 삼는 생명이 있기 마련입니다. 나방, 모기, 파리

* 김종원, 앞의 책.
** 우리 주변에서 만나는 달맞이꽃은 분류학적으로 대부분 북미 원산인 겹달맞이꽃입니다. 남미 원산의 달맞이꽃이 있으나 우리나라에 자생하는지는 의문입니다. 여기서는 글의 주제에 집중하면서 통칭하여 달맞이꽃이라 칭하고 있습니다.

등이 밤이 되면 이 꽃으로 파고듭니다. 여름철 치열한 한낮을 비켜서 돌파하는 달맞이꽃의 전략이 참으로 신기합니다.

한편 아주 오래전부터 이 땅의 여름밤 벌레들을 겨냥해 피고 지면서 살아온 존재가 있습니다. 바로 하늘타리입니다. 하늘타리는 숲 가장자리나 산기슭, 밭둑 등을 터전으로 삼고 사는 여러해살이풀입니다. 덩굴손을 활용해 주변의 사물이나 식물을 감고 오르면서 자랍니다. 7~8월 한여름에 하얀색으로 피는 하늘타리는 꽃갓의 가장자리를 가는 털실 모양으로 장식해 화려함을 더하고 있습니다. 아마도 어두운 밤 자신의 위치를 더욱 뚜렷하게 알리기 위한 방법일 것입니다. 하늘타리의 꽃 역시 한낮을 회피하고 저녁에 피기 시작합니다. 밤새 매개자들을 기다려 꽃가루받이를 도모한 뒤 아침이 오면 시들기 시작합니다. 하늘타리는 달맞이꽃 이상으로 신비하고 정겹고 아름다운 여름꽃입니다.

마지막으로 **오래오래 핌**으로써 매개자들을 기다리는 꽃들도 있습니다. 관습적으로 우리나라를 상징하는 꽃으로 취급되고 있는 무궁화는 개화기간이 아주 긴 여름꽃입니다. 꽃 대부분이 화무십일홍일 때, 무궁화는 여름의 한복판인 7월부터 가을 문턱을 넘어 10월까지 100일 여에 걸쳐 피는 꽃입니다. 무궁화를 충일화忠日花라 부르기도 하는데, 문자 그대로 '하나의 해만 섬기는 꽃'이란 뜻입니다. 무궁화의 꽃 하나하나는 오직 하루만 핍니다. 해가 뜨는 아침 무렵에 일찍 피어나고, 해질 무렵이면 꽃잎을 오므리면서 시듭니다. 무궁화는 그렇게 한 송이 한 송이의 꽃이 피고 지기를 석 달이 넘도록 반복하면서 길고 긴 개화기간을 유지합니다.

다음으로 정원수로 흔히 만날 수 있는 배롱나무도 있습니다. 이 나무는 '나무 백일홍'이라는 별칭으로 불릴 정도로 개화기간이 깁니다. 앞서 그 특별한 꽃 모양에 주목했던 자귀나무도 그렇습니다. 특별한 색과 모양을 갖추었으면서도 개화기간마저 긴 이 식물들은 그렇게 여름의 치열함을 뚫고 나가 마침내 결실을 봅니다. 자귀나무 역시 긴 시간 꽃을 피우며 여름꽃 세계의 주인으로 살아갑니다.

세상 가장 쉬운 일은 원망입니다. 내 삶의 책임이 나의 외부에 있다고 떠미는 일입니다. 가진 게 없어서, 시대를 잘못 만나서, 그 사람 때문에, 그때 입은 상처가 너무 커서… 핑계는 얼마든 찾을 수 있습니다. 그렇게 원망을 해서라도 삶을 더 많이 사랑하고 자유로울 수 있다면 얼마나 좋겠습니까? 하지만 더 나은 삶은 거기에 없습니다. 그건 오히려 저 여름꽃들처럼 원망을 멈추고 자신을 통절히 바꿔내고자 할 때 열리는 차원입니다. 삶이 너무 고단하게 느껴지거든 여름을 사는 숲 생명들을 가만히 마주해보세요.

18장

꽃길에서 풍파를 맞이하는 자세

꽃길만 걸으라는 말은 세상 가장 허무한 말입니다.
없는 세계를 꿈꾸게 하는 말이니까요.
숲의 생명들은 역경 없는 세계를 바라지 않습니다.

씨앗은 신비롭습니다. 제 품은 뜻을 펼치기 전까지는 자신을 지켜주던, 그러나 싹이 틀 때가 되면 이제 억압으로 작용하는 그 껍질을 저 스스로 찢으며 싹트는 씨앗은 정말 신비롭습니다. 자신을 덮어주고 품어주었던, 그러나 어떻게든 극복해야 할 대상이 되어버린 그 무거운 땅을 어린싹으로 힘차게 밀어 올리는 씨앗은 한없이 신비롭습니다. 때에 이르면 씨앗은 이제 저 높고 먼 곳으로부터 달려와 흙의 입자들 틈으로 손짓하는 햇빛의 은밀한 부름에 화답하려 합니다. 그러기 위해 주저 없이 땅을 헤집고 일어서는 씨앗의 율동이 너무도 신비롭습니다. 간혹 자신을 신뢰하지 못하겠거든 씨앗을 만나보세요. 그 조그마한 존재 속에 장엄한 미래가 이미 다 고스란히 접혀 있음을 발견해보세요. 이내 알게될 것입니다. 당신 역시 얼마나 위대한 씨앗을 품고 있는 존재인지.

신성한 씨앗(알)들이 껍질 벗고 일어나
자신과 자신 아닌 존재들 사이로 얽히고설키며
빚어내는 아름답고 향기로운 세계.

약간의 시적 방식과 운율을 써서 숲을 정의해보았습니다. 이렇게 보면 씨앗은 궁극적으로 숲의 공동 창조자이자 그 일원입니다. 우리 역시 이 세계의 공동 창조자이자 일원인 것처럼 말입니다. 식물의 씨앗은 제 발로 걸어가 자신이 싹트고 살아갈 서식지를 결정할 수는 없지만, 당신이라는 특별한 씨앗에게는 서식지를 선택할 특권이 부여되었다고 상상해보세요. 때가 된 당신은 싹을 틔우고 싶어졌습니다. 어느 땅을 선택해서 싹틔우고 살아가고 싶은가요? 세 가지 선택지가 있습니다. 첫 번째는 먹고살 걱정 없이 양분이 넉넉한 땅, 두 번째는 햇빛이 찬란하게 비추는 땅, 세 번째는 적당한 양분이 있고 적당하게 햇살이 드는 땅입니다.

어느 땅을 고르셨나요? 첫 번째 땅을 골랐다면 소위 부잣집에 태어나는 셈입니다. 요즘 사람들 대부분이 부러워하는 땅이지요. 하지만 숲에서 양분이 많은 땅이라면 일반적으로 그늘진 땅입니다. 그 양분은 나보다 먼저 들어온 씨앗들이 싹트고 살고 죽으면서 긴 세월 이루어낸 업적입니다. 그 땅은 비옥하지만 먼저 살고 있는 이들이 드리우는 그늘이 당신에게로 도착하는 빛을 제한하는 공간입니다. 이곳에서 풀어야 할 삶의 숙제는 빛의 결핍입니다.

당신이 두 번째 땅을 골랐다면 빛은 넉넉할 것입니다. 상층부의 간섭이 덜하니 상대적으로 햇빛은 자유롭게 누릴 수 있습니다. 하지만 양분은 덜할 것입니다. 당신은 가난과 검약이 숙명인 자리를 택했습니다. 이곳에서 풀어야 할 삶의 숙제는 양분의 결핍입니다.

앞의 두 자리가 주는 숙제가 탐탁지 않아서, 혹은 회피하고 싶어서 빛도 양분도 적당한 세 번째 땅을 선택했나요? 과연 숙제가 뒤따르지 않을까요? 숲의 실상을 보면 그 답을 알 수 있을 것입니다. 숲 전체 공간에서 양분도 적당하고 빛 조건도 좋은 땅은 주로 가장자리 영역입니다. 그렇다면 숲 가장자리를 선택해서 태어나는 식물은 소위 '꽃길만 걷는 삶'을 살게 될까요?

이렇게 숲 가장자리를 차지하며 살아가는 식물들을 산

림생태학에서는 임연식생林緣植生이라 구분하는데, 앞서 소개했던 대나무가 대표적입니다. 이번에는 오동나무를 만나보겠습니다. 숲 가장자리에 자리 잡기 좋아하는 식물을 하나 더 살펴보는 이유는 **역경의 보편성**을 분명하게 짚어드리고 싶어서입니다.

　학부모를 대상으로 하는 강연에서 자신의 아이가 꽃길만 걷기를 바라는 부모들을 종종 만납니다. 그들의 마음을 충분히 이해합니다. 어느 부모가 제 자식이 역경과 고초를 겪는 것을 바라겠습니까? 하지만 실제를 반영하지 못하는 바람은 허황한 꿈입니다. 두려움을 숙주로 삼아 자라고 있는 일부 학부모들의 간절한 열망은 다양한 괴로움을 낳습니다. 아이로부터 출발하지 않고, 부모로부터 출발하는 아이에 대한 높은 기대는 부모 자신을 괴롭히고 아이마저 괴롭게 합니다. 또 아이의 성장 과정에는 스스로 하나씩 겪으며 터득해야 하는 다양한 관계가 놓여 있는데, 이를 대신해주려는 부모들도 있습니다. 모두 아이에 대한 그릇된 사랑이 빚는 어리석음입니다.

　역경이 없는 삶은 자연 그 어디에도 없습니다. 인간의 삶 역시 마찬가지입니다. 좋은 부모는 자녀에게 역경이 없기를 바라지 않습니다. 오히려 자녀에게 역경을 스스로 헤치고 나갈 지혜를 줍니다. 역경 앞에서 무너지지 않도록, 무너지더라도 다시 일어설 수 있도록 지지해주는 부모 그런 어른이 되어야 합니다. 진짜 좋은 부모는 내 아이라는 씨앗의 위대한 힘을 믿는 부모입니다. 그 신비롭고 놀라운, 신성이 깃든 존재의 아름다움을 신뢰하는 부모입니다.

숲 가장자리에 사는 터라 주어진 선물이 넉넉한 오동나무에게도 역경은 예외가 아닙니다. 대나무의 그것처럼, 오동나무의 자생 환경 역시 **변동과 경쟁의 땅**입니다. 오동나무의 씨앗이 발아하기 전부터 이미 숲 가장자리를 차지하고 있던 나무들이 있습니다. 그들은 본능적으로 숲 바깥쪽을 향해 가지를 뻗습니다. 막힘없이 쏟아지는 햇빛이 그곳에 있기 때문입니다. 자칫하면 숲 안쪽의 나무들이 뻗는 가지에 자신의 땅이 가려지게 되고, 오동나무는 빛을 포착하는 데에 어려움을 겪게 됩니다. 오동나무는 이 삶의 숙제를 어떻게 풀었을까요?

오동나무는 빠른 생장 속도와 유연한 환경 적응 능력을 삶의 방식으로 선택하여 역경에 맞섭니다. 오동나무는 주변의 어느 나무들보다도 아주 빠르게 생장하는 속성수로 제 삶의 꼴을 진화시켜 왔습니다. 숲에 기대어 살던 옛사람들은 오동나무의 이 속성을 정확히 꿰고 있었습니다. 가구 공장이 흔하지 않았던 옛 시절의 농경문화 속에는 '딸을 낳으면 오동나무를 옮겨다 심는 전통'이 있었습니다. 민중에게는 모든 게 귀했던 그 시절, 의식주에 활용할 목재도 귀했습니다. 일상에 필요한 물품 역시 대부분 가내수공업에 의존하던 때입니다. 이런 환경에서 선조들에게 딸의 혼수로 쓸 장롱 소재로 오동나무만 한 것이 없었습니다.

오동나무는 여느 나무들과 달리 유년기의 생장 속도가 압도적으로 빠릅니다. 딸이 성장하여 혼기가 차오를 무렵(대략 15~20세)이 되면, 딸이 태어났을 때 옮겨다 심은 나무는 목재로 사용할 수 있을 만큼 키가 크고 굵어집니다. 어린 시절 아버지로부터 오동나무에 관한 가르침을 들었을 때, 저는 냉큼 수긍하지 못하고 의문을 품은 채로 살았습니다. 제가 아버지가 그 말씀을 전하셨던 나이가 되어 숲에 더부살이를 시작한 뒤, 숲 가장자리에서 싹트고 자라기 시작한 오동나무 몇 그루를 지켜보며 알게 되었습니다. '아, 그때 아버지 말씀은 완벽한 진실이었구나.' 발아 첫해에 약 3미터 가까이 자라더니 3년 차가 되자 그 높이가 대략 8~9미터에 달했습니다.

또한 어린 오동나무의 잎이 왜 그토록 넓은지도 알게 되었습니다. 숲 가장자리에 먼저 자리 잡고 사는 나무들의 가지가 바깥으로 뻗어 있는 경우, 이때 '폭풍 성장'을 해야 하는 오동나무는 넓은 잎을 만들어 가지 사이로 떨어지는 빛을 최대한 포착합니다. 오동나무는 광합성을 극대화하기 위해 어린 시절에는 잎자루와 어린줄기마저 녹색으로 칠합니다. 빠른 성장에 온 힘을 쏟아붓는 것입니다. 이것이 그늘이라는 숙제를 극복한 오동나무의 비법입니다.

그렇게 하여 숲 가장자리에 자기 자리를 안정적으로 확보하면, 신기하게도 오동나무는 이제 잎의 면적을 확연히 줄입니다. 왜 그렇게 하는 걸까요? 이때부터는 넓은 잎을 유지하는 것이 오히려 제 삶을 위협할 수 있기 때문입니다. 그래야 제 삶의 또 다른 숙제를 감당할 수 있기 때문입니다. 또 다른 숙제는 바로 바람입니다. 오동나무 역시 대나무와 마찬가지로 숲의 최전방에 사는 식물입니다. 그곳은 때로 강한 바람과 맞서야 하는 자리입니다. 매년 몇 차례의 태풍을 맨 앞에 서서 이겨내야 합니다. 특히나 오동나무는 유년기에 잎을 최대한으로 키우게 되는데, 이때 잎 한 장의 크기는 성인 서너 명의 얼굴을 가릴 수 있을 만큼 큰 경우도 있습니다. 삶의 영역을 확보하기 위해 넓게 키워온 오동나무의 잎은 폭풍우 속에서는 삶을 위협하는 걸림돌이 됩니다.

꽃길만 걷기를 원하는 사람들과 달리, 오동나무는 바람이 없기를 바라지 않았을 것입니다. 차라리 저 태풍과 어떻게 더불어 살 것인지를 모색했을 것입니다. 오동나무는 바람과 맞서야 하는 자리에서 제 속을 비우는 선택을 함으로써 자신의 세계를 구축하는 데에 성공했습니다. 속을 비운 오동나무의

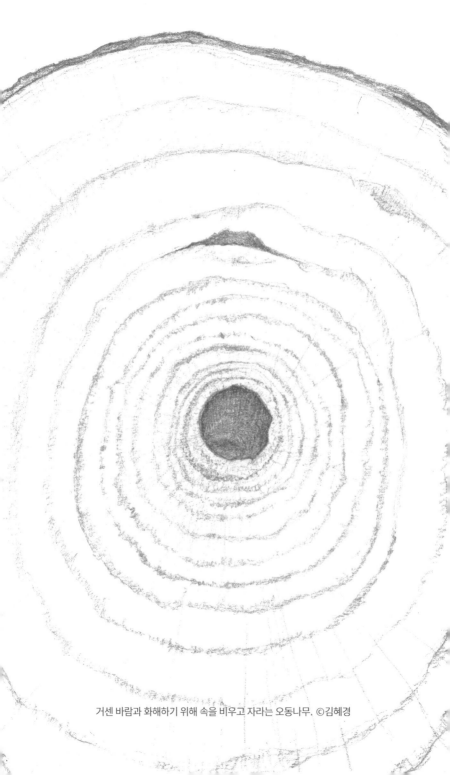

거센 바람과 화해하기 위해 속을 비우고 자라는 오동나무. ⓒ김혜경

내부를 우연히 보게 되었을 때 깜짝 놀랐습니다. 풀도 아닌 나무가 제 속을 비우다니! 자리를 잡기 위해 잎이 가장 넓어야 하는 시기인 유년기에는 속을 비워 바람과 화해하고, 이후에는 잎의 크기를 줄여 바람과 화해하는 지혜를 찾아낸 것입니다.

"꽃길만 걸으세요." 오늘날 자주 만나는 애정 가득한 인사말입니다. 하지만 가장 허무한 인사말이기도 합니다. 꽃길만 걸을 수 있는 세계는 **없는 세계**이기 때문입니다. 모든 생명의 삶이 그렇듯, 누구에게나 시련과 고난은 찾아오게 되어 있습니다. 우주는 순경에 역경을 더하여 조화와 실체를 이루고 있기 때문입니다. 역경은 나이, 학벌, 재력, 교양 수준, 신체 조건 등과 아무 상관 없이 찾아옵니다. 누구나 꽃길을 걷는 날이 있겠지만 단언컨대 꽃길만 걷는 인생은 없습니다. 그러니 오동나무처럼 역경을 다루며 살 수 있는 지혜를 길러야 합니다. 만약 사랑하는 자녀에게 물려줘야 할 단 하나의 상속을 추천해야 한다면 **역경을 다룰 지혜**를 꼽고 싶습니다. 역경이 주는 두려움 앞에서 자꾸 의심이 생긴다면 꼭 오동나무를 깊게 만나보기를 권합니다. 아마 흔들리는 자신을 향해 따뜻한 미소를 건네게 될 것입니다.

19장

포월, 바람을 와락 껴안으며

인간에게 있어 결정적인 것은 좌절을 대하는 태도이다. (…)
그가 자신의 좌절을 대하는 방식이 그가 무엇이 될 것인지를 결정한다.[*]

맹렬한 바람이 무시로 불어오는 땅이 있습니다. 그 땅을 서식지로 삼아 태어난 생명에게는 그 험진 바람이 거역할 수 없는 숙제가 됩니다. 그곳에서 싹튼 생명은 이제 일생 그 궂은 자리를 제 삶의 터전으로 삼고 살아내야 합니다. 오래된 말로 표현하자면 그것이 그 나무의 팔자입니다. 그런 나무들은 매서운 바람의 땅을 사무치도록 끌어안고 삶을 이어가야 하는 존재들입니다. 오동나무나 대나무처럼, 불어오는 바람을 기껏해야 한철 맞으며 사는 존재들이 감당하는 그것과는

[*] 카를 야스퍼스, 이종후 옮김, 《지혜에의 길》, 형설출판사, 1989.

비교도 할 수 없을 만큼 맹렬하게 몰아치는 바람을 온 생을 통해 감당하며 살아야 합니다.

사방이 바다를 향해 열려 있는 섬의 해안 절벽이나 솟구친 산맥의 높다란 능선 주변에 오도카니 서보십시오. 그곳으로는 완전히 다른 바람이 붑니다. 숲 가장자리에 사는 식물이 극복해야 할 바람은 대개 한시적입니다. 주로 장마철이나 몇 차례의 태풍이 전부입니다. 그들은 그 바람을 제 줄기를 비워내는 지혜로, 바람에 유연하게 흔들릴 수 있는 지혜로 극복했습니다. 하지만 섬이나 산맥 고지대로 불어대는 바람은 확연히 다릅니다. 훨씬 세차고 때로 맹렬하고 지속적이며, 편향적입니다.

바람하면 떠오르는 대표적인 섬은 제주입니다. 작가 고진숙은 제주의 바람을 이렇게 표현했습니다.

태풍이 아니더라도 제주는 사흘에 하루는 바람이 거세게 분다. 제주 사람에게 바람은 '막젱ᄒᆞ여도 막지 못ᄒᆞ곡, 심젱ᄒᆞ여도 심지 못ᄒᆞ는(막자고 하여도 막지 못하고 잡자고 하여도 잡지 못하는) 것'이다. (…) 제주의 바람은 거칠게 보이지만 일관성이 있다. 겨울엔 북서풍이, 여름엔 남동풍이 줄기차게 분다.*

　이러한 제주의 바람과 그곳의 생명과 삶의 무늬를 탁월한 예술미로 담아낸 화가도 있습니다. 제주가 낳은 소중한 화가 강요배, 그의 그림도 좋지만 글도 참 좋습니다. 저는 그의 1996년 작품인 〈팽나무와 까마귀〉을 특히 좋아해서 온라인 강연 때 자주 배경화면으로 쓰곤 합니다.** 이 작품은 멀리 눈 덮인 한라산이 원경으로 놓여 있고, 가까이에는 폭낭(팽나무의 제주 방언) 한 그루와 까마귀 한 마리가 그려져 있습니다. 허공은 바람으로 가득 채워진 그림입니다. 그림의 주인공인 폭낭은 북쪽으로 향하는 가지를 거의 달고 있지 않습니다. 다만 나무는 "남쪽으로 쏠린 뼈가지를 하고, 마치 바람을 닮은 거대한 새처럼 바람을 타고"*** 서 있습니다. 오랜 세월 한쪽에서 불어댄 세찬 바람이 이 나무에 고스란히 새겨진 모습이랄까요. 아니면 맹렬한 바람과 기막힌 모습으로 화해하며 그 역경을 끌어안고 사는 모습이랄까요. 그것도 아니면 나무가 편향성을 띤 바람과의 관계에서 찾은 평화의 지점이랄까요.

* 고진숙, 《신비 섬 제주 유산》, 블랙피쉬, 2023.
** 그림은 학고재 홈페이지 www.hakgojae.com의 갤러리에서 볼 수 있습니다.
*** 강요배, 《풍경의 깊이 : 강요배 예술 산문》, 돌베개, 2020.

화가는 그 눈물겹고 절묘한 삶을 붙들고 침묵하는 팽나무 왼쪽 아래에 까마귀 한 마리를 그려 넣었습니다. 그림 속 까마귀는 동쪽으로 짐작되는 방향을 향하고 있습니다. 그의 몸이 향하는 먼 곳에는 눈 덮인 한라산이 솟아 있습니다. 몸의 방향과 달리 까마귀는 왼쪽으로 고개를 돌려 북쪽을 바라봅니다. 그쪽은 폭낭의 나뭇가지가 뻗어간 방향과 반대쪽입니다. 깃 부근의 털은 바람이 몰려가는 방향을 따라 날리듯 들려 있습니다. 살짝 목을 움츠린 듯도 보이지만, 전체적으로는 몸을 일으켜 바람이 불어오는 방향을 응시하고 있습니다. 보면 볼수록 그 눈빛이 예사롭지 않습니다.

바람이 맹렬하기로는 울릉도도 마찬가지입니다. 울릉도에는 맹렬한 바람을 하루하루 이겨내며 살아온 특별한 나무가 삽니다. 섬잣나무가 그 주인공입니다. 섬잣나무는 소나무과*Pinaceae*의 소나무속*Pinus*입니다. 우리나라에서 흔히 볼 수 있는 소나무속에는 소나무, 곰솔(해송), 리기다소나무, 잣나무, 섬잣나무, 스트로브잣나무 등이 있습니다(흔하지는 않지만 중국 원산의 백송도 포함). 소나무속의 나무를 종으로 구분하는 방법은 잎의 개수를 관찰하는 것입니다. 소나무는 잎 두 개가 하나로 뭉쳐나고, 백송과 리기다소나무는 세 개가, 잣나무는 다섯 개의 갈라진 잎이 하나로 뭉쳐납니다.

잎 다섯 개가 함께 뭉쳐서 나면 일단 잣나무류로 분류합

잎의 개수	2	3	4
종류	소나무, 곰솔	리기다소나무, 백송	잣나무, 섬잣나무, 스트로브잣나무

니다. 섬잣나무의 잎도 그렇습니다. 하지만 섬잣나무의 잎은 잣나무나 스트로브잣나무의 잎에 비해 그 길이가 대략 절반에 미치지 못할 만큼 짧습니다. 이것이 다른 잣나무류와 구분되는 섬잣나무만의 특징입니다. 섬잣나무는 본래 울릉도에 군락으로 자생하는 나무입니다. 섬잣나무가 그 잎을 파격적으로 짧게 한 이유는 맹렬한 바람을 이겨내기 위해서입니다. 제주의 팽나무가 북쪽의 가지를 모두 내어주고 남쪽의 가지를 지키는 방법으로 사나운 바람을 이겨내고 있을 때, 울릉도의 섬잣나무는 잎 전체의 길이를 줄임으로써 바람이라는 숙제를 극복해왔습니다.

　우리나라 산맥의 능선부는 늙고 앙상합니다. 긴 세월 동안 몰아친 비바람으로 흙이 거의 다 소실되었기 때문입니다. 자연스레 바위와 돌이 등뼈처럼 드러나 있습니다. 그 험진 자리를 사수하는 나무들이 있습니다. 그중에서 눈향나무, 눈주목, 눈잣나무처럼 '눈' 자가 붙은 나무들을 만나러 소백산으로 가보겠습니다. 소백산의 능선은 충북 단양과 경북 영주를 북과 남으로 가르며 동서로 길게 뻗어 있습니다. 지형상 단양은 높고 영주는 낮습니다. 능선을 기점으로 단양이 속한 북쪽은 상대적으로 완경사인 반면, 영주가 있는 남쪽은 급경사입니다. 겨울이면 시베리아로부터 불어온 세찬 바람이 단양 쪽 완경사를 타고 능선을 향해 도약했다가 주저 없이 남쪽을 향해 내달립니다. 이 바람은 동서로 뻗은 능선을 후려친 뒤, 풍기와 영주 쪽 급경사를 타고 급격히 쏟아져 내립니다.

그 강력한 바람길 위에 눈향나무가 살고 있습니다. 이 나무 이름을 처음 들었을 때 저는 이름이 참 예쁘다고 생각했습니다. 아마 '눈'의 영향이었을 것입니다. 저는 하얀 눈이 연관돼 있어 붙은 이름이겠거니 생각했습니다. 하지만 예상은 완전히 빗나갔습니다. 눈향나무의 '눈'은 '누운'의 줄임말로 바닥을 기듯 눕는 모습을 형용한 것이었습니다. 눕듯이 자라는 특성에 주목한 것이지요.

눈향나무는 소백산 능선처럼 고산 정상 부근, 주로 바위틈에서 살아가는 상록침엽수입니다. 그의 원줄기는 바위 밑으로 처지거나 땅을 기듯이 자랍니다. 줄기에서 비스듬히 자라는 많은 가지는 기껏 자라야 50센티미터를 넘지 않습니다. 엄청난 바람 때문입니다. 그의 꼴은 혹독한 환경과의 상호작용으로 빚어진 것입니다. 겹겹의 세월, 꾸준히 편향되게 몰아치는 매서운 바람을 껴안음으로써 완성해낸 모습이 바로 '눈-'인 것입니다. 5월경에 2밀리미터 정도로 피는 눈향나무의 꽃이 이 존재의 사정을 아는 이에게는 눈물겹습니다.*

섬잣나무, 눈향나무는 자신들 앞에 놓인 바람이라는 숙제를 제 몸을 바꾸는 것으로 넘어섭니다. 그들은 누구도 자신들 앞에 놓인 상황을 밀어내려 하지 않습니다. 자신에게로 불어닥치는 모진 바람이 없기를 바라지도 않습니다. 오히려 그들은 바람을 껴안는 방식으로 넘어섭니다. 바람의 흔적을 제 몸에 문신처럼 새기며, 그렇게 자신을 넘어섭니다. 생명이 자신에게로 닥치는 모든 운명을 **끌어안음**으로써 자기 자신의 세계를 이뤄가는 이 위대한 모습을 저는 '포월包越'이라 말하고 싶습니다.**

* 설악산 고산 지대에는 바람을 이겨내며 살아가는 또 다른 존재들이 있습니다. 설악눈주목과 눈잣나무가 대표적입니다.
** '포월'은 카를 야스퍼스Karl Jaspers가 자신의 실존철학에서 사용한 포월자encompassing란 용어에서 빌린 표현입니다. 야스퍼스가 사용한 철학적 용어에 대응하는 말은 아니지만, 어떤 한계나 표준을 뛰어넘는다는 뜻을 지닌 '초월'과 대비하여, '포월'은 모든 여건을 끌어안으며 자신이 마주한 한계적 상황을 극복하는 모습을 가리키기에 적절합니다.

자기 경험의 밖에 서는 일은 누구에게나 어마어마한 도전입니다. 이 도전에 성공하는 경험을 흔히 '초월'이라 부릅니다. 초월은 결코 쉽지 않은 일입니다. 하지만 식물은 우리에게 보여줍니다. 자신이 발 딛고 있는 험진 세계를 군말 없이 끌어안음으로써 마침내 그것을 이겨내는 모습을. 그럼으로써 이미 씨앗 속에 심어둔 신의 뜻을 담담히 펼치고, 마침내 꽃과 열매로 구현해내는 모습을. 이 삶의 태도를 적절히 부를 말로 저는 포월을 선택합니다. 보통의 생명에게 초월은 요원한 일일 것이지만, 포월의 삶은 가능합니다. 어떻게 포월의 삶이 가능할까요? 우선 바람을 외면하거나 원망하지 않아야 합니다. 대신, 제주도 그 까마귀의 눈빛으로 바람을 응시해야 합니다. 다음으로 섬의 팽나무와 섬잣나무, 그리고 수많은 '눈-' 나무들처럼 바람을 끌어안아야 합니다.

언젠가 적어두었던 야스퍼스의 말을 다시 읽어봅니다.

인간에게 있어 결정적인 것은 좌절을 대하는 태도이다. (⋯) 그가 자신의 좌절을 대하는 방식이 그가 무엇이 될 것인지를 결정한다.

5부

우리는 어디로
흘러가야 하는가

20장

삶의 목적

> 그 자신이 알든 모르든 생명 모두는 자기로 사는 것,
> 또 자기 자신의 꽃을 피우는 것으로
> 우주를 형성하는 주체들입니다.

숲을 꽤 깊숙이 걸었습니다. 이 깊은 곳까지 함께 걸어주셔서 고맙습니다. 이제 우리의 숲 산책을 천천히 마무리하면 좋겠습니다. 이 장부터는 숲이 인간에게 건네는 침묵의 말의 에센스에 해당합니다. 우선 당신에게 이런 질문을 먼저 건네봅니다. 삶에 **목적**이 있다고 보는 쪽인가요, 아니면 그런 건 없다고 보는 쪽인가요?

인간으로 사는 일에 한결 충실하고자 한다면, 저는 삶에 목적 같은 건 없다고 예단하지 않는 편이 더 현명할 것이라는 입장입니다. 목적 따위는 없다고 단정한다면 속은 편할지 모릅니다. 하지만 삶이 지나치게 감각적 쾌락을 추구하는 방향

으로 흐르거나 허무해지기 쉽습니다. 또 삶을 더 깊이 숙고할 기회를 포기한다는 점에서 너무 안일하고 성급한 판단일 수도 있습니다. 서둘러 판단하지 말고 가능한한 삶의 이유를 찾아보는 편이 아쉬움도, 후회도 덜 한 선택이 아닐까요?

그런데 **삶에 정말 목적이 있기는 할까요?** 만약에 그렇다면 생이 추구하는(혹은 추구해야 하는) 목적은 무엇일까요? 우리는 무엇을 위해 태어나 이 삶을 경험하고 있는 걸까요? 삶에는 어떤 특별한 목적이 주어져 있는 게 아니라고, 그냥 태어나 살다가 죽는 게 전부라고 주장하는 견해가 점점 부풀어 오르는 세상입니다. 우리는 지금 종교가 점점 더 무기력해지는 세상을 지나고 있습니다. 영성은 상업이 펼치는 우산 아래에서나 드물게 찾아볼 수 있고, 성찰적 삶을 이야기하는 스승들도 이제는 좀처럼 만나기 어려워진 시대를 살고 있습니다. 식민통치, 세계대전, 전체주의, 독재 등 참혹한 역사를 겪은 뒤, 한때 인간성과 인류 공동체에 대한 깊은 성찰과 반성이 일었습니다. 하지만 지금은도 그 빛도 서서히 희미해져 가는 세상을 통과하고 있습니다(일시적 후퇴이기를 바라지만). 생명 공동체와의 평화적 공존을 향한 국제적 노력이 꾸준히 있지만, 감각적 가치에 익숙해진 우리의 관성 앞에서 그러한 노력은 미약하고 무기력해 보입니다.

고도화된 자본주의와 과학 기술이 인류의 오래된 성찰을

압도하는 시대에 삶의 목적 같은 것을 고민하는 일은 피곤한 일일지도 모릅니다. 그렇지만 숲을 거닐어보면 이런 흐름에 선뜻 동의하기는 쉽지 않습니다. 숲은 우리에게 삶에 관한 근본적인 진실들을 비춰주고 있습니다. 숲을 만나는 일은 잃어버린 영성을 회복하고, 자취를 감췄던 지혜의 스승을 다시 만나는 시간입니다. 우선 생명에도 근원적 목적이 있는지, 있다면 과연 그것이 무엇인지부터 헤아려보겠습니다.

이 책은 숲을 바라보기 위한 새로운 눈을 제안하는 것으로부터 이야기를 시작했습니다. 근대 이성의 영향을 받아 숲을 그저 자원 수준으로 대상화하게 된 시선을 잠시 거두고, 우리 자신과 다르지 않은 삶을 지닌 존재들로 생명을 바라보자고 제안했습니다. 또 숲을 인간 공동체와 다르지 않은 생명 공동체로 바라보자고도 했습니다. 다음으론 오랜 세월 우리 곁에 있었던 동아시아적 우주론과 생명론을 빌려 만물을 지배하는 준엄한 법칙 하나를 소개했습니다. 그를 통해 만물이 음과 양, 빛과 그림자라는 대극적 모순, 즉 태극의 질서 아래 놓여 있다는 것을 알게 되었습니다. 이후 한 생명이 자기 삶을 헤쳐갈 근원적 힘이 이미 담겨 있는 씨앗의 신비에 주목했습니다. 그리고 그 씨앗은 아무 곳에서나 태어나지 않고, 모두 태어날 자리에서만 태어나는 오묘한 질서 속에 있음도 알게 되었습니다. 모든 서식지에는 생명에게 도움이 되는 생의 요소도 있지만, 반대로 제약으로 작용하는 극의 요소도 함께 있다는 점을 역설했습니다. 그리하여 생명은 저마다 선물과 함께 삶의 숙제를 안고 태어났다고 설명했습니다.

생명의 삶이 시작되는 근본적 구조와 질서를 이해한 다음, 여러 생명의 이야기를 통해 자신의 서식지에서 각각 어떤 숙제를 만나고 또 어떻게 극복해나가는지도 살펴보았습니다. 그들은 각자의 숙제로부터 도망치지 않았습니다. 이를 바탕으로 지금부터는 숲이 우리 삶의 근본적인 영역에 대해 건네는 **소중한 귀띔**들을 들어보겠습니다.

앞에서 던졌던 그 질문을 다시 가져와봅니다. 우리 삶에 목적이 있을까요? 이성에 의존하는 접근만으로는 선선히 답하기 어려운 질문입니다. 어떤 질문이 삶의 근원적 문제들과 연결된 질문이면서 이성에 의한 방식만으로는 답을 찾기 어려울 때, 삶을 수행으로 여기는 이들은 영적 채널을 통해 그 답을 얻기도 합니다. 또 나 아닌 다른 존재를 살펴보는 방식으로부터 도움을 얻기도 합니다. 쉰 살에 서울대학교 종교학과 교수직을 미련 없이 내던지고, 시골로 거처를 옮긴 뒤 자연 속에서 연구를 이어가고 있는 고전문헌학자 배철현도 비슷한 이야기를 합니다.

> 매 순간 변모하는 산천과 온갖 동식물은 나의 스승이다. 학교나 책에서 찾을 수 없었던 인생의 구루guru다. 자연은 몸소 자신의 변화를 보여줄 뿐 나에게 아무것도 강요하지 않는다. 그들은 만물이 저마다 스스로 깨닫기를 기다리는 인내의 화신이다.*

삶을 '죽음이 아닌 것'으로 축소하여 정의하는 사람은 없을 것입니다. 식물들이 살아가는 근원적 목적은 단연코 꽃을 피우는 것입니다. 땅바닥을 차지하고 있는 이끼나 애기땅빈대로부터 높은 허공에 제 우듬지를 만드는 메타세쿼이아까지, 모든 나무와 풀은 한사코 꽃을 피웁니다.** 밟히고, 제 몸 어디가 뜯겨나가고, 더러는 부려져도 아직 성한 부분 남았으면 그것을 붙들고 기어코 꽃을 피워냅니다. 이 과정에서 만나는 모든 순간이 그 생명의 노래가 됩니다. 사람들은 대개 꽃이 피는 일을 대수롭지 않게 여기지만, 그것은 풀과 나무가 마침내 자신만의 세계를 창조해냈다는 분명한 징표를 마주

---

* 배철현, 《승화 : 더 높은 차원의 삶을 위하여》, 21세기북스, 2020.
** 식물학에서는 이끼가 번식하기 위해 피우는 것을 꽃이라 부르지는 않습니다. 식물학의 용어로 표현하자면 '포자'를 통해 번식합니다.

한 것입니다.

한 포기의 풀은 피조물인 동시에 창조주입니다. 제 삶을 스스로 개척하고 살아냄으로써 자기 자신의 세계를 오롯이 창조해가는 개별적 세계의 창조주로 사는 것입니다. 신이 우주 만물과 영원을 관통하는 로고스의 주인이라면, 피조물은 한정된 시간과 영역 속에서 개별적인 세계를 구축해나가는 개발자와 같습니다. 따라서 만물이 자기의 세계를 쌓아가는 모든 과정은 창조주가 함께하는 공동의 과정이 됩니다.

생명이 자신의 꽃을 피운다는 사실은 자신의 세계와 다른 세계를 **잇고** 생명과 생명을 **잇는 연결자** 역할을 하는 것입니다. 동시에 그것은 지구 생태계를 쉼 없이 이어가고 있는 창조주의 노동에 자신도 모르게 동참하고 있는, 더없이 신성하고 아름다운 창조 행위입니다. 한 마리 새가 알을 깨고 나와 땅과 하늘 사이를 나는 행위 역시 동등한 창조 행위입니다. 그 미시적인 몸짓들이 모여 거시적인 지구를, 그리고 아름다운 우주를 형성합니다. 그 자신이 알든 모르든 생명 모두는 **살아내는 것**으로, 또 자기 자신의 **꽃을 피우는 것**으로 우주를 형성하는 주체들입니다. 이것이 모든 생명에 이미 내재된 궁극의 목적입니다. 요컨대 꽃 한 송이가 기어코 핌으로써 우주가 계속되는 것입니다. "태초에 말씀"이 그렇게 있었습니다.

식물들에게 꽃을 피우는 것이 근원의 목적이라면 인간의 삶에는 어떤 목적이 놓여 있을까요? 먼저 우주에서 우리 인간의 위치를 확인하고, 인간이 지닌 고유한 특징을 짚어볼 필요가 있습니다. 다행히 이런 문제의식에 대한 통찰이 동아시아의 오래된 사상 속에 있습니다. 북송 시대에 발화한 **이일분수**理—分殊라는 말이 바로 그것입니다. 주자에게는 소위 '북송의 다섯 선배'(주돈이, 장재張載, 소옹邵雍, 정호程顥, 정이程頤)가 있었습니다. 그중 장재는 〈서명〉을 남겼는데, 주자는 이 글을 '이일분수의 선언'으로 보고 이렇게 집약합니다.

　　모든 생명은 하늘을 아버지로, 땅을 어머니로 하고 있기에, 이일이다. 그러나 또한 모든 생명은 (…) 그 분수가 다를 수밖에 없다.*

　요컨대 이일분수는 생명을 관통하는 '이'는 하나지만, '분'은 다르다는 뜻입니다. 이 통찰은 정이에 의해 제시된 명제지만 그는 자세한 설명을 남기진 않았고, 주자에 의해 성리학의

* 한형조, 《성학십도, 자기 구원의 가이드맵》, 한국학중앙연구원출판부, 2018.

핵심 명제로 거듭나게 됩니다. 존재론적 측면에서는 **같음**(모든 생명이 하나로 연결되어 있음)을, 가치론적 측면에서는 **다름** (각 생명마다 고유한 역할과 길이 다름)을 강조하는 것입니다.

모든 생명은 태어나고, 살고, 죽고, 종을 이어가고자 합니다. 우리는 이 보편적 특성을 기준 삼아 생명과 생명 아닌 것을 구분할 수 있습니다. 생명은 이 보편으로 '이일'이지만, 동물과 식물 사이에는 '분수'가 있습니다. 동물과 식물은 각자만의 위치와 특성을 갖습니다. 이 분수는 더 잘게 나뉘고, 나뉜 존재마다 위치와 특성이 다릅니다. 예컨대 동물 중에서도 개와 인간은 서로 다릅니다. 식물 중에서도 풀과 나무와 이끼는 서로 다릅니다. 그중 나무만 보면, 나무에는 나무의 보편이 있습니다. 하지만 나무 중에 버드나무와 참나무는 그 서식지를 비롯한 여러 부분에서 서로 다릅니다. 버드나무 중에서도 계곡에 사는 갯버들과 하천이나 강가에 사는 수양버들이 또 다릅니다.

인간의 우주적 위상 역시 마찬가지입니다. 인간도 생명 보편에서 이일이지만, 그 위상과 특성의 측면에서는 분수입니다. 그렇다면 다른 생명과 구분되는 인간의 분수는 무엇일까요? 인간에게는 그들에게만 있는 특성이 있습니다. 그 관통하는 특성을 한마디로 추상하여 '인간다움'이라 부릅니다. 직립보행하는 생명으로서 불을 다루고 도구를 사용하는 등의 물리적 특성만이 아니라, 다른 생명에게는 없고 인간에게만 있는 본성이 따로 있습니다.

　시대가 어떻게 변하더라도 인간에게는 그 인간다움을 보존하며 사는 것이 무엇보다 중요합니다. 어떤 인간이 인간다움을 내팽개칠 때 우리는 그를 안타까워하거나, 연민하거나, 단죄함으로써 인류 공동체를 지켜내려 합니다. 식물에 있어 꽃이 그렇듯, 인간 삶의 근원적 목적은 '인간다움의 꽃'을 활짝 피우는 것입니다. 이런 삶은 구체적으로 어떤 삶을 의미할까요?

21장

죽은 자가 답해야 할 두 개의 질문

사람들은 나를 죽음의 여의사라 부른다. (…)
그러나 그들은 정말로 중요한 것을 놓치고 있는 것 같다.
내 연구의 가장 본질적이며 중요한 핵심은
삶의 의미를 밝히는 데 있었다.*

우리 숲에는 느슨한 형태의 인문학 학습 공동체가 있습니다. 아주 소박하고 은근한 공부 모임입니다. 매달 첫 번째 주말, 전국 각지에서 사람들이 모여듭니다. 토요일 오후 세 시간쯤 강연을 듣고 함께 저녁밥을 먹으며 서로의 안부를 묻습니다. 이후 다과와 음료, 술을 앞에 두고 삶을 중심에 둔 다양한 주제로 대화를 나눕니다. 일요일에는 세속의 마음을 비워두고 인근 숲이나 계곡을 함께 걷습니다. 1박 2일 간의 공부 모임이 그렇게 채워집니다. 필요한 비용은 참여자 각자가

* 엘리자베스 퀴블러로스, 이진 옮김, 《죽음과 죽어감》, 청미, 2018.

공평하게 부담하고, 소소한 일들을 나누어 준비함으로써 모임을 유지해간다는 점에서 공동체라는 이름이 붙었습니다. 매달 공부의 주제는 달리하는 것이 원칙입니다. 관심 있는 강연자나 주제에 이끌려 손님처럼 한두 번 다녀가는 사람들도 있지만, 매달 꾸준히 참여하는 사람들의 열정과 정성이 있어 이 공동체가 이어지고 있습니다. 코로나-19가 창궐하던 때를 빼고도 십여 년 동안 꾸준히 지속했으니, 이 학습 공동체를 향한 애정과 끈기가 얼마나 각별한지 알 수 있습니다.

우리 공동체에서는 그간 문학, 역사, 철학, 예술과 자연, 종교와 영성, 과학, 현실 정치 등 퍽 다양한 주제를 다루었습니다. 우리는 각 분야의 깊이가 있는 저술가들을 모셨는데, 한 번으로는 아쉬워서 두세 번 초청한 분도 있습니다. 죽음과 그 이후의 생을 주제로 다룬 정현채도 그중 한 분입니다. 그는 서울대학교병원 소화기내과 교수로 재직하다가 갑자기 찾아온 암으로 정년을 2년 앞두고 퇴임을 한 뒤, 제주로 이주했습니다. 이후 건강을 회복하면서 대중에게 '죽음학'을 강의하고 있습니다.

죽음은 대부분이 외면하려는 주제이지만, 삶은 반드시 죽음과 함께 사유되어야 합니다. 사람들은 좋은 삶을 살기 위해서 깨달아야 할 게 여럿 있다고 생각하지만, 실은 딱 하나만 제대로 깨달아도 삶은 훨씬 좋아집니다. 그 깨달음은 **우리**

모두가 죽는다는 것입니다. 물론 태어난 모든 존재는 반드시 죽어야 하며, 그 삶이 유한하다는 사실을 모르는 사람은 없을 것입니다. 하지만 그것을 단순히 머리로 아는 게 아니라, 진심으로 그것을 음미하고 받아들여 곁에 두는 깨달음이 있을 때 우리는 삶에 한층 더 온전하게 접근할 수 있습니다.

죽음의 필연성을 삶 가까이에서 직접 체험할 기회가 없었다면, 가까운 숲을 둘러보아도 좋을 것입니다. 숲은 태어나고, 각자의 행로를 살고, 이윽고 죽음의 바다에 이르는 생명들의 춤사위로 가득합니다. 깊게 바라보고, 부드럽게 매만져보고, 눈을 감고 깊숙이 냄새 맡아보기를 권합니다. 그러면서 그 존재의 일생 궤적도 상상해보기 바랍니다. 삶과 죽음이 건네는 말이 들려올 때까지 자주 찾아가 천천히 걸어보기 바랍니다. 그러다 보면 어느 날 이윽고 알게 될 것입니다. 애써 이루어낸 것도, 아직 완성하지 못한 것도, 다 식히지 못한 탐욕도, 여태 화해하지 못한 미움도 죽음 앞에서는 모두 부질없다는 것을…. 과거의 아름다움과 아쉬움, 미래의 불안과 희망 따위가 맥없이 소실되며 무로 변하는 지점이 죽음입니다. 그러므로 평소 죽음을 곁에 두고 사유하는 방식은 얼마나 현명한 일이겠습니까. 그 방식은 우리를 더 열심히 살게 하거나, 덜 열심히 살도록 안내할 것입니다. 더 정직하고, 더 용감하게 살 힘을 얻을 수도 있을 것입니다. 주로 더 많이 감사하고, 용서하고 싶거나 용서를 구하고 싶을 것입니다. 무엇보다 **진정한 사랑** 안에 머물고 싶어질 것입니다.

　관념으로서의 죽음 말고, 죽음을 직접 맞이하게 될 자신에 대해 진지하게 생각해본 적이 있나요? 우리가 죽으면 어떻게 될까요? 죽음으로써 모든 것이 딱 끝나고 영원히 소멸할 것이라 믿는 쪽인가요? 아니면 나의 그 무엇이 죽음 너머로 이어지리라고 믿는 쪽인가요? 정현채 교수는 전자의 믿음을 가지고 있다면 재고하길 권합니다. 그는 죽음은 끝과 소멸의 자리가 아니라고 말합니다. 오히려 죽음을 하나의 문門으로 비유합니다. 죽음은 벽이 아니라 이곳에서 저기 어느 다른 세계로 옮겨가기 위해 통과하는 문에 불과하다는 것입니다.*
유물론과 실증주의적 방식으로 세계를 파악하는 데에 익숙한 사람들에게는 그의 주장이 그저 신비롭거나 허황된 이야기 수준으로 들릴 수도 있을 것입니다. 하지만 평생 의사이자 의학자로 살아온 그가 죽음 그 이후에 대해 접근하는 방식은 넉넉한 가치가 있습니다. 그에게 큰 영향을 끼친 정신과 의사

* 정현채, 《우리는 왜 죽음을 두려워할 필요 없는가》, 비아북, 2023.

엘리자베스 퀴블러로스Elisaveth Kübler-Ross는 《타임》에서 선정한 '20세기 100대 사상가' 중 한 명이기도 합니다. 평생을 인간의 죽음에 관해 연구한 그녀도 죽음을 단절이나 소멸로 바라보지 않습니다. 오히려 하나의 변화로 바라봅니다. 퀴블러로스는 《사후생》에서 우리는 죽지 않고, 다른 차원으로 이동할 뿐이라고 말합니다. 죽음 이후의 생이 엄연히 있다는 것이지요.

> 육체란 단지 우리가 죽음이라 부르는 변화를 겪을 때까지 일정 기간 머무르는 (…) 집에 지나지 않는다. 죽음의 순간에 우리는 이 고치를 벗고 (…) 다시 나비처럼 자유로워진다.*

만일 죽음학 연구자들의 주장처럼 죽음이 종말이 아니라 하나의 극적인 변화이자 다른 차원으로 이동하는 것이라면, 그 이동의 주체는 무엇일지 궁금해지기도 합니다. 사람들은 그것을 **불멸의 자아**라 부르기도 하고, **영혼**이라 부르기도 합니다. 하지만 그 용어가 그리 중요해 보이진 않습니다. 오히려 그보다 훨씬 깊게 다뤄야 할 질문이 있습니다. 만일 현재의 과학이 품고 있는 한계 너머에 정말로 죽음의 문이 있고

---

* 엘리자베스 퀴블러로스, 최준식 옮김, 《사후생》, 대화문화아카데미, 2020.

그걸 통과한 뒤 새로운 차원으로 이동하게 되는 것이라면, 그 차원에는 무엇이 기다리고 있을까요?

메리 올리버Mary Oliver의 시와 산문은 자연과의 교감에서 얻는 신비와 경탄, 그리고 통찰로 가득합니다. 크고 작은 상처로 자주 화끈거리는 우리 가슴에 평화와 위로를 건네주는 시인입니다. 그녀는 열네 살 때부터 시를 썼다고 알려져 있습니다. 스물아홉 살에 첫 시집을 냈고, 20년이 지난 1984년에 퓰리처상을 수상했습니다. 몇 해 전 세상을 떠났지만, 그녀의 작품들은 여전히 많은 사람에게 사랑받고 있습니다. 그녀의 삶에도 극복하기 어려운, 그러나 기어코 넘어서야 할 거대한 숙제가 있었다고 합니다. 그녀는 고등학교 교사였던 아버지에게 어려서부터 성적 학대를 당했습니다. 하지만 그녀는 자신의 삶을 그냥 썩도록 내버려두지 않았습니다. 그녀는 "내 **인생은 사랑하는 법을 배우고 사랑받는 법을 배우는 것**이었다. 그것은 쉬운 일이 아니었지만, 내 인생을 놀라운 선물로 여기는 법을 배웠다"라고 말했습니다.** 가혹한 삶의 고통을

** 오프라 윈프리 홈페이지www.oprah.com에 게재된 마리아 슈라이버Maria Shriver 와 메리 올리버와의 인터뷰에서 발췌했습니다.

넘어선 자만이 도달할 수 있는 넓고 푸른 지평, 즉 사랑에 이르렀던 것이지요.

올리버는 자연과의 교감을 통해서, 그리고 글을 짓는 과정을 통해서 자신의 고통을 치유해낸 사람입니다. 그중에 제가 강연할 때 종종 인용하는 〈정원사 the gardener〉라는 시가 있습니다. 이 시는 아래의 두 문장으로 시작합니다.

나는 충분히 살았을까?
나는 충분히 사랑했을까?

시를 소개하며 저는 청중을 향해 말을 잇습니다. 만일 우리가 죽음의 문을 열고 들어가 서게 되는 자리가 있고, 혹여라도 그곳에서 마주해야 할 질문이 있다면, 그것은 아마도 올리버의 저 나직한 질문과 비슷할 것이라고.

당신은 충분히 살았나요?
당신은 충분히 사랑했나요?

이즈음에 다다르면 청중은 사뭇 숙연해집니다. 저는 그들의 진지한 표정과 눈빛을 더듬으며 잠시 여백을 두고 다시 이야기를 이어갑니다. "당신은 어떤가요? 당신은 지금 죽음을 통과하는 문 앞에 섰습니다. 그리고 저 질문을 받아 들었습니다. '예'라고 대답하실 수 있을까요?"

　죽음 이후의 세계는 이성에 기대어 세계를 파악하는 방식만으로는 누구도 알 수 없는 영역입니다. 누군가는 죽음을 '경험할 수 없는 경험'이라고도 했습니다. 하지만 만일 죽음 뒤에도 멸하지 않는 그 무엇이 있어서 그것이 새로운 차원으로 통과하는 문 앞에 서야 한다면 어떤 일이 벌어질까요? 숲으로부터 만물의 생성과 소멸이 정교한 연기緣起와 무한히 순환하는 고리로 이어진다는 것을 알게 된 저는 저런 상상을 해보는 것입니다. 이성의 한계를 뛰어넘어 우주의 진상을 확연히 파악할 수 있는 경지, 그 고도의 영적 깨달음 근처에 가본* 적이 없는 저는 이따금 저런 생각을 해봅니다.

　죽음 너머를 상상하고 사유함으로써, '충분히 살았는지'에 대한 질문에 '그렇다'고 답할 수 있도록 사는 것, 그것을 삶의 목표로 삼는 이는 분명히 좋은 삶을 살 것입니다. 그렇다면 충분히 산다는 건 어떻게 사는 것일까요? 충분히 사랑한다는 건 또 어떻게 사랑하는 것일까요?

* 퀴블러로스는 《사후생》에서 이렇게 말합니다. "영성이란, 우리보다 훨씬 위대하며 우주를 창조하고 삶을 창조한 어떤 존재에 대한 '깨달음'을 뜻한다. 우리는 그 위대한 존재의 중요하고 의미 있는 부분이기에 그 존재가 진화하는 데에 이바지할 수 있다. (⋯) 우리는 모두 신성의 한 측면을 부여받았다. 이것은 우리 안에 그 근원의 일부가 있다는 것을 의미한다. 이것으로 말미암아 우리는 죽지 않는다."

22장

충분히 산다는 것

그저 먹고 자라는 것만이 삶의 전부는 아닐 거야.
이런 삶과는 다른 무언가가 있을 게 분명해.
그저 먹고 자라기만 하는 건 따분해.*

트리나 폴러스Trina Paulus의 유명한 책《꽃들에게 희망을》
은 동화지만 어른들을 위한 책이기도 합니다. 이 책은 참 자
아의 희망을 찾아가는 애벌레 두 마리의 모험과 사랑 이야기
를 직관적인 그림들과 함께 담고 있습니다. 이야기는 오직 높
은 곳으로 오르기 위해 모여든 수많은 애벌레가 서로 얽히고
설키면서 만들어낸 높고 커다란 애벌레 기둥을 중심으로 펼
쳐집니다. 두 마리의 주인공 애벌레는 무지와 욕망의 표상인
그 애벌레 기둥 속에서 우연히 만나게 됩니다. 그들이 오르려

---

* 트리나 폴러스, 김석희 옮김,《꽃들에게 희망을》, 시공주니어, 2017.

는 꼭대기는 너무 높은 데다 구름에 가려 보이질 않습니다. 애벌레들은 그 기둥의 실체를 정확히 알지도 못하는 상태입니다. 그런데도 애벌레들은 미지의 그곳을 선망하여 서로를 짓밟으며 기어오릅니다. 그 모습이 꼭 이 시대 우리들의 삶을 투영하는 것처럼 읽힙니다.

삶을 향한 근원적 질문과 각성은 그 무엇보다 소중합니다. 그것은 여태 지탱해온 삶의 관성을 뒤흔들고, 때로 깨트리기도 합니다. 결국 두 주인공은 그 대열을 이탈합니다. 새로운 삶을 탐험하기로 한 것입니다. 그들은 우여곡절 끝에 고치의 신비를 발견하고 터득하여 마침내 나비의 삶과 만나게 됩니다. 폴러스의 애벌레 이야기를 꾹꾹 눌러 읽고 나면 아마도 이렇게 자문하게 될 것입니다. '지금 이렇게 살고 있는 것이 내가 살아볼 수 있는 삶의 전부일까? 무엇이 있는지 알지도 못하면서 더 높이 오르기 위해 먹고, 그 힘으로 무작정 더 높은 곳으로 기어오르려는 경쟁적인 삶…. 그 바깥에 나를 기다리고 있는 **빛나는 삶**이 있지 않을까? 나비라는 새로운 차원이 애벌레들을 기다리고 있었던 것처럼.'

한 번 주어진 생을 충분히 사는 일만큼 중요한 일은 아무래도 없습니다. '충분히 산다는 것'은 생명으로서, 그중에서도 인간으로서 나를 존재하게 한 조물주의 오묘한 프로그램에 얼마나 충실히 화답하는지에 관한 문제이기도 합니다. 그렇게 했을 때, 애벌레는 이 꽃과 저 꽃을 연결할 수 있는 나비의 삶을 만나게 됩니다. 그렇게 자기를 완결하게 됩니다. 그것은 동시에 자신을 넘어 "꽃들에게 희망을" 선사하는 자유롭고 아름다운 연결자로서의 소임을 수행하는 것이기도 합니다. 우리 역시 인간으로서 살아볼 수 있는 삶의 가능성이 태엽처럼 고이 접힌 상태로 태어날 터입니다. **충분히 사는 것**은 이 가능성을 다 펼쳐 보이는 삶입니다.

둘러보면 평생 원망을 붙들고 사는 사람들이 있습니다. 긴긴 세월 동안 소중한 자신을 원망의 감옥에 가두고 살았다면, 그 삶은 결코 충분히 산 인생이라 말할 수 없습니다. 앞서 올리버가 전했던 것처럼, 고난과 더불어 살아가도록 태어난 인간에게 요청되는 가장 지극한 지점이 바로 삶을 사랑하는 것임을 그는 아직 경험하지 못했기 때문입니다. 무엇보다 그는 자신에게 다가온 삶을 비적비적 밀어냄으로써 그 책임을 외부로 전가하며 살았을 것입니다. 한마디로 온전한 자기로 살기 어려웠을 테지요.

누군가 어떤 계기로 세상에 주눅이 들어 그 순간부터 눈치만 보면서 한 생을 버텼다면, 그 역시 충분히 산 인생일 수 없습니다. 모험을 차단하고 사는 삶은 생명 본성의 길에서 벗어났으며, 자신에 깃든 위대한 생명력을 외면한 삶입니다. 모험에 수반하는 고통을 아예 회피하려다 모험이 주는 생명 근원의 기쁨을 아직 제대로 만나지 못했기 때문입니다. 삶은 아프고 동시에 찬란한 기쁨이라는 진실을 충분히 맛보지 못한 채 머물러 있기 때문입니다.

한편 일상에서 감사하고 감탄하는 순간이 거의 없었다면, 너무 메마르고 아쉬움이 많은 삶일 것입니다. 그렇게 야윈 날들로 하루하루를 채우고 있다면, 그는 자신 앞에 수시로 펼쳐지는 아름답고 다양한 신비를 좀체 마주하지도 못했을 것입니다. 충분히 사는 이의 삶은 충만합니다. 하지만 기억할 것은 충만한 삶이 도파민의 노예처럼 사는 삶은 아니라는 점입니다. 외부로부터 얻는 감각적 자극에 의존하지 않고, 삶의 내면 깊숙한 자리에 접속할 때 저절로 샘솟는 충만감이 진짜 충만감입니다. 그 기쁨의 세계를 놓치고 살았다면 아직 더 충분히 살아봐야 합니다.

오직 더 확고한 소비 능력을 얻기 위해 정작 자신의 삶을 소비하는 인생도 넘쳐납니다. 이는 수단과 목적이 뒤바뀐 비극의 삶입니다. 대개 사람들은 돈을 수단일 뿐이라고 말하면서 목적으로 섬기며 살고 있지요? 하지만 소비할 수 있는 능력만으로는 결코 삶의 온전성을 이룰 수 없습니다. 오히려 저 숲의 생명들처럼, 나 자신이 품은 고유의 빛깔과 소리, 향기를 세상에 드러내고 보탤 때, 즉 자기 기원의 창작을 경험하고 삶의 축으로 삼을 때, 충분히 살고 있는 인생이라 말할 수 있을 것입니다.

타자의 고통에 평생 눈감고 사는 사람들이 있습니다. 만약 그렇게 살고 있다면, 단언컨대 그는 아직 충분히 살고 있지 못한 사람입니다. 언젠가 숲으로 목사님 한 분을 초대하여 강연을 들은 적이 있습니다. 서울 청파교회에서 긴 세월 목회를 하시다가 은퇴하신 김기석 목사는 아름다운 글과 말, 그리고 깊이 있는 삶으로 많은 이에게 존경받는 분입니다. 그는 자신의 고통에만 예민하고 타자의 고통에는 아예 문을 닫아걸고 사는 이들의 삶을 "자기 속으로 구부러진 마음"*으로 사는 인생이라고 표현합니다. 그것이야말로 창조주 하나님에 대해 인간이 죄를 짓는 것이라고 덧붙였습니다.

우리는 모두 생의 전 과정을 통해 사랑을 배우고, 마침내 사랑하기 위해 태어난 존재입니다. 진짜 사랑은 나도 나로서 존재하고, 그도 그로서 존재함을 전제합니다. 누구도 다른 누구의 소유나 착취 대상이 될 수 없고 지배와 혐오, 배제의 대상이 될 수 없다는 것이 사랑의 대전제입니다. 사랑은 감정

* 김기석, 《고백의 언어들》, 복있는사람, 2024.

이상의 감정이며, 행위 이상의 행위입니다. 그런데도 타자야 어찌 되든 제 욕심만 채우려는 인생들이 있습니다. 그는 아직 참된 사랑을 경험하지 못한 사람이고, 충분히 살아보지 못한 존재입니다.

아무리 돈이 많은 사람일지라도 어둑하고 눅눅한 자리에서 신음하는 이들을 외면하고 산다면 그는 여전히 가난한 자입니다. 힘과 돈이 넘쳐도 "자기 속으로 구부러진 마음"으로 살고 있는 이들에게는 그런 자리가 보이지 않습니다. 반대로 세상 한구석을 채우고 있는, 어려운 처지의 사람들을 향해 나아가는 삶도 있습니다. 이들은 설령 가진 것이 적어도 가난한 사람이 아닙니다. 오히려 그들이 진정한 부자라 할 수 있습니다.

더 나은 공동체를 위해 기꺼이 분노해야 할 사회정치적 상황을 모른 척하는 이들 역시 아직 소중한 그 무엇을 경험하지 못한 상태입니다. 공동체의 절박한 위험과 위기 앞에서 단지 비평가의 자세를 취하는 사람, 또는 너무도 쉽게 도망치거나 아예 위험을 유발하는 편에 서는 사람이라면 그 삶은 아직 충분히 산 인생이라 할 수 없습니다. 서식지가 파괴되면 자기 자신과 다음 세대가 삶을 지속할 수 없다는 것을 절실하게 깨닫지 못한 인생이기 때문입니다. 홀로이되 결코 홀로일 수만은 없는 것이 만물의 근본 원리인 것을 제 몸으로 터득할 때까지 그는 더 충분히 살아야 할 것입니다.

더 나아가 세계가 선악, 미추, 우열 등으로 양분되는 명쾌한 곳이 아니라는 사실을 아직 깨닫지도 받아들이지도 못했다면, 그의 삶에는 여전히 넘어서야 할 인식의 언덕이 기다리고 있을 것입니다. 수많은 부조리와 모순으로 가득한 세상에서 언제나 저 자신만 옳을 뿐, 틀릴 수도 있다는 겸손이 없다면 아직 더 충분히 살아야 하는 삶입니다. 겸손을 잃은 말과 행동이 타자를 향한 폭력이 될 수 있다는 점을 절실히 알 때, 자신이 한정 지은 삶의 경계가 크게 넓어지는 것을 경험하게 될 것입니다.

마지막으로 인간으로 살아볼 수 있는 가장 심원한 삶은 분별하는 마음을 완전히 해체한 삶을 사는 것입니다. 우리는 자신의 직업이나 사업, 과거나 미래, 신념, 가치관, 감정, 성취 같은 것을 자신이라 여기며 살아갑니다. 이렇게 '자신이 자신이라고 믿는 모든 것들'을 이른바 **에고**ego라고 부릅니다.[*] 에고는 삶의 작고 일시적인 부분을 지탱할 동력으로 작동하지만 그것에 갇히면 삶은 확장될 가능성을 상실합니다. 몸이든 생각이든, 과거든 미래든, 그것이 무엇이든 모두 임시적이고 연기緣起적인 것일 뿐입니다. '나에게 소유권이 있다고 여기는

* 누크 산체스·토머스 비에라, 황근하 옮김,《에고로부터의 자유》, 샨티, 2011.

것'들로부터 풀려날 때, 더욱 드넓은 삶의 세계와 마주하게 됩니다. 직업이 당신의 전부일 수는 없습니다. 누군가에게 핏대를 세우며 주장하는 당신의 신념도 당신은 아닙니다.

우리는 피부를 경계로 나와 나 아닌 것을 분별하며 살고 있습니다. 나와 나 아닌 것 사이에 그어놓은 선이 허물어지는 경험을 해본 적이 없다면, 그 역시 새로운 모험과 도전을 요구받고 있는 것입니다. 쉽게 말해 저 이의 아픔과 분노가 아무것도 아니라면, 나의 그것들도 역시 아무것도 아니라는 것을 알지 못하는 삶에 머물러 있는 것이지요. 그렇다면 아직 더 충분히 살아야 할 여정이 남아 있는 것입니다.

요컨대 충분히 산다는 것은 자신에게 놓인 운명 안에서 **인간으로서의 가능성**을 모두 다 경험하고 펼쳐내는 삶을 뜻합니다. 냉이가 다만 먹고사는 데에서 자신의 삶을 그치지 않고 한사코 꽃 피우듯, 우리 삶 또한 '생존 기계'로 사는 게 전부일 수는 없습니다. 생존이라는 차원 너머에 또 다른 삶의 차원이 분명히 놓여 있습니다. 저는 그 너머 차원의 삶을 '사람의 꽃을 피우는 삶'이라 부릅니다.

인간이 살아볼 수 있는 삶의 가능성을 **차원**이라는 개념으로 파악해보면 충분히 사는 삶의 의미가 더 선명해집니다. 하지만 이 시대 사람들은 차원보다는 **레벨**로 삶의 성패를 평가하는 경향이 있습니다. 인간으로서 주어진 삶의 가능성을 얼마나 충실히 펼쳤느냐보다는 얼마나 높은 레벨까지 올랐느냐를 삶의 성공 기준으로 간주할 때가 많습니다. 대표적인 예로는 대학을 서열화하고는 어느 대학을 나왔는지로 삶의 성패를 가릅니다. 대기업과 중소기업, 정규직과 비정규직 등으로 나눠놓고 어떤 곳에, 어떤 직책으로 있는지를 보고 그 인생을 평가하는 사회이기도 합니다. 누군가의 삶을 그가 오른 사다리의 높이로 평가한다는 것이 얼마나 어리석은 짓입니까. 그럼에도 많은 이가 그 틀에 갇혀 있습니다. 삶은 결코 서열이라는 기준 하나에 의해 재단될 수 있는 것이 아닙니다. 숲의 생명들은 말합니다. 삶은 오히려 각자의 자리에서 각자의 꽃을 피우기 위해 살아가는 모든 존재들의 노래요 숭고함이라고.

우리가 주로 생존과 연계된 하나의 차원에서 서열을 다투는 것은 살아볼 수 있는 삶의 극히 일부 차원만을 경험하는 것입니다. 이제 인간으로서 살아볼 수 있는 더욱 풍성한 삶의 가능성을 위해 **레벨이 아닌 차원**의 관점으로 우리의 삶을 조망해보겠습니다.

23장

먹고사는 일이
전부라고 믿고 있다면

지렁이는 나비가 경험하는 꽃향기와 푸르름을 알지 못하고,
나비는 꾀꼬리가 철 따라 넘는 산맥과 바다의 장엄을 모릅니다.
그 존재의 삶은 그가 머무는 차원을 여읠 수 없기 때문입니다.

인간으로서 충분히 살고자 한다면 삶을 **삶 밖**에서 삶을
바라볼 수 있어야 합니다. 삶을 전체적으로 관조하면 숨통이
트입니다. 탄생의 순간으로부터 마지막 숨을 거두기까지 일
어설 것은 한사코 일어서고, 무너질 것은 기어코 무너지며,
남을 것들은 어떻게든 남게 되는 것이 삶임을 깨닫게 됩니다.
이따금 닥쳐오는 거친 풍파와 기꺼이 화해할 힘을 얻을 수 있
습니다. 나아가 자신의 삶을 증오에 가둬 썩도록 내버려두지
않게 됩니다. 하지만 삶의 한 조각이나 어느 부분에 갇힌 사
람들은 충분히 사는 법을 잘 모릅니다. 학교는 이 소중한 것
들을 가르치지 않았습니다.

충분히 사는 것을 **삶의 전체성**이라 부르고, 제대로 사랑하며 사는 것을 **삶의 온전성**이라 부릅니다. 삶의 전체성과 온전성을 경험하지 못한 채 살다가 주어진 삶을 마감하게 된다면 그건 너무 안타까운 일입니다. 학교나 사회가 제대로 가르쳐준 적 없는 삶의 전체성과 온전성에 관한 이해는 나이를 불문하고 매우 절실한 문제입니다.

이제 이 귀중한 이해를 위해 레벨과 차원의 관점에서 삶을 조망해보겠습니다. 레벨이 어떤 수준이나 단계를 이른다면, 차원은 하나의 독자적인 세계를 가리킵니다. 레벨은 어느 한 차원 내에서의 수준이나 단계를 측정할 때 쓰는 말이지만, 차원은 그 자체로 독자적인 세계를 가리키는 표현입니다. 즉, 차원은 레벨을 품을 수 있으나 특정 레벨은 그것이 속한 차원에서만 유효합니다. 땅을 얼마나 깊이 파고들 수 있는지를 기준으로 지렁이 종들을 줄 세우는 상황을 가정해볼까요? 지렁이가 최대 5미터 정도까지 땅을 파고 들어갈 수 있다고 가정할 때, 깊게 파고들 수 있는 능력에 따라 각자의 레벨(수준)을 매길 수 있을 것입니다.

레벨은 세계를 이해하는 데에 하나의 유용한 개념입니다. 하지만 그것은 부분적인 진실만을 보여줍니다. 우리 사회는 성적, 직업, 소득, 심지어 외모나 차림새까지 온갖 기준으로 줄을 세워 어떤 이의 삶을 가늠합니다. 마치 나비의 삶을 모르는 지렁이가 '좋은 삶은 땅을 파는 능력에 달려 있다'고 강변하는 것과 같습니다. 아무리 땅을 잘 파는 지렁이라도, 지렁이는 결코 나비의 세계를 오롯이 알 수 없습니다. 같은 맥락에서 국내총생산GDP 등의 레벨만 가지고 국가를 평가한다면 한 나라를 온전히 이해할 수 있을까요? 빈부 격차가 극심하고, 마약을 비롯한 각종 중독성 약물이 과도하게 사용되고, 총기 난사가 그 어느 나라보다 빈번히 발생하며(심지어 국회의사당에 총을 들고 난입하는), 세계 곳곳의 전쟁에 가장 많이 개입하는 나라. 세계 1위의 경제적 레벨만으로는 미국을 온전히 파악할 수 없습니다.

사람을 대할 때 그녀가 얼마짜리 가방을 들고 다니는지, 그가 어떤 차를 타고 다니는지가 중요한 사람이라면, 레벨이 좋은 삶을 결정한다고 믿는 사람일 가능성이 큽니다. 그런 삶은 주로 성취 혹은 실패라는 기준에 지배되기 쉽습니다. 반면 그의 서재에 시집이 몇 권 꽂혀 있고, 평소 어떤 음악을 즐겨 들으며, 산책은 얼마나 자주 하는지, 평소 타인을(특히 아프거나 소외된 사람을) 대하는 모습이 어떤지에 관심을 두는 사람들도 있습니다. 그들은 삶의 새로운 차원에 관심을 둔 사람일 가능성이 큽니다. 그들의 삶에는 더 많은 신비와 감탄이 흐를 것입니다. 그들은 삶을 성패로 가르기보다는, 과정적 경험으로 받아들입니다.

레벨의 관점은 좁은 자아로, 차원의 관점은 넓은 자아로 삶을 경험하게 만듭니다. 거듭 강조하지만, 지렁이는 나비의 세계를 만날 수 없고, 나비는 철새가 넘는 바다와 산맥의 세계를 경험할 수 없습니다. 그것은 단순히 능력의 차이가 아니라, 머무는 차원이 다르기 때문입니다. 저는 긴 시간 숲의 말을 들으며 삶의 가능성에 대해 사유했습니다. 그리고 그것을 차원의 개념으로 정리하기에 이르렀습니다. 이는 우리가 경험할 수 있는 삶의 깊이와 폭을 조금 더 쉽게 설명하려는 시도입니다.

인간이 살아볼 수 있는 삶은 크게 네 가지 차원으로 요약할 수 있습니다. 생존을 위한 삶, 충만한 삶, 숭고한 삶, 초월을 향해 나아가는 삶이 그것입니다.

생존은 생명이 필수적으로 묶여 있는 차원입니다. 살아가는 모든 존재의 기초를 이루는 차원으로서 가장 강력한 힘을 발휘합니다. 생존은 선택이 아니라 본능의 영역입니다. 그래서 이 차원은 때로 집착에 가까운 양상을 띱니다. 이 차원을 벗어난 생명은 있을 수 없습니다. 인간 역시 생존을 전제로 삶의 다른 차원들을 경험할 수 있습니다.

충만은 인간으로서 누릴 수 있는 감각과 감정의 풍요와 연결된 차원입니다. 충만은 삶을 한결 더 풍성하게 합니다. 생존이 삶의 기본적인 틀이라면, 충만은 그 틀을 듬뿍 채우는 내용물이라 할 수 있습니다. 생존 기반을 이미 마련하고도 충만한 삶을 살지 못하는 사람들이 많은 현실은 우리 사회가 겪고 있는 큰 비극이기도 합니다.

숭고는 사람에게도 세계를 향해 피울 수 있는 향기로운 꽃이 있다는 것을 증명하는 '자기실현'의 차원입니다. 자신뿐만 아니라 타자를 더불어 섬기는 존재로 삶을 확장하는 '자기 넘어섬'의 차원입니다. 인류가 상호 적대적인 투쟁 상태를 어느 정도 극복할 수 있었던 힘이 바로 여기에 있습니다. 인류 공동체의 현재는 우리보다 먼저 산 이들 중 자기중심성을 극복한 이들에게 빚지고 있습니다.

초월은 우리 몸과 의식의 한계마저 넘어설 수 있는 차원에 해당합니다. 숭고한 삶을 경험할 때만이 삶의 가장 신비로운 차원인 초월적 차원의 문 앞에 설 수 있습니다. 숭고의 실천과 진정한 충만은 초월의 문을 여는 문고리입니다. 부처나 예수가 그랬듯이 이 차원에 닿으면, 온갖 분별의 망상이 해체됨으로써 세계와의 일체감을 획득하고 가없는 사랑에 머물 수 있습니다.

이제 삶의 네 가지 차원을 하나씩 살펴보겠습니다. 가장 먼저 '생존을 위한 삶'의 차원부터 보겠습니다.

어쩔 수 없이 우리 몸은 생존 기계입니다. 식물이든 동물이든 모든 생명은 생존과 자손 번식을 위한 정교한 프로그램을 따르게 되어 있습니다. 스스로 목숨을 끊으려는 사람에게서조차 생존 프로그램은 그 기상을 잃지 않습니다. 숨이 멎는 마지막 순간까지도 심장은 최선을 다해 제 노릇을 합니다. 생존은 철저히 본능적이고 기계적인 영역입니다. 그리하여 생존의 차원은 우리 삶을 지탱하는 가장 원초적이고 강력한 바탕이 되었습니다. 즉, 살아남기 위해 사는 것이 인간 삶의 한 차원을 이루는 것입니다.

하지만 이것이 전부일 수는 없습니다. 그래서 인간이고, 그럴 때 인간입니다. 근대국가의 탄생에 지대한 공헌을 한 토머스 홉스Thomas Hobbes는 생존적 차원에 머무는 인간 특성에 특별히 주목한 인물입니다. 그는 자신의 책《리바이어던》에서 인간을 '본래 이기적인 존재이며 자기 보존을 가장 중요하게 여기는 존재'로 파악합니다. 따라서 자연 상태에서 인간 사회는 '인간이 인간에 대해서 이리'인 상태, '만인에 대한 만인의 투쟁' 상태가 될 것으로 봅니다. 그의 견해처럼 인간에게는 짐승을 닮은 심성이 똬리를 틀고 있기도 합니다. 그러나 홉스는 우리 마음의 대극적 특성을 간과했습니다. 일찍이 맹자가 통찰한 것처럼, 인간에게는 나 아닌 존재를 연민하는 마음이 존재합니다. 더불어서 인간은 어떤 신념을 위해 무기한 단식을 하고, 자기 몸에 불을 지를 수도 있는 존재입니다. 우리는 생존 기계로서의 본능을 넘어설 수도 있는 것입니다.

생존 차원에만 갇혀 있는 이들의 삶은 폴러스의 애벌레 기둥을 떠올리게 합니다. 오로지 높은 곳으로 오르기 위해 (심지어 그곳에 무엇이 있는지도 모르면서) 탐욕과 불안 속에서 서로를 짓밟는 애벌레들의 모습을 인간에게서도 봅니다. 이 차원에 강하게 머무는 사람들은 나와 나 아닌 존재들을 명확히 가르고, 세계를 우열로, 나아가 적대적 관계로 파악하는 성향을 보입니다. 이들의 감정은 자주 우월감이나 열등감, 승리감이나 패배감에 사로잡힙니다. 이들에게선 만사를 자기 탓으로 돌리는 겸손한 태도는 찾기 어렵고, 타자에 대한 원망이 넘쳐납니다. 이들은 자신이 타자를 가해한 경험은 기억하지 못하고, 자기 자신을 피해자로 여기며 사는 경우가 많습니다.

삶의 다른 차원들을 알지 못하고 평생 생존을 중심에 두고 살다가 떠난다는 것은 참으로 쓸쓸하고 안타까운 일입니다. 부지런히 살고 있지만 도무지 삶이 채워지지 않는 느낌이라면, 더러는 쓸쓸하고 공허하다면 당신이 머무는 삶의 차원을 점검해야 합니다. 당신이 살아볼 수 있는 삶의 다른 가능성을 진지하게 검토해봐야 합니다.

24장

공허로부터의 자유:
충만한 삶

나는 이 세상의 축제에 초대받았습니다.

그렇게 내 삶은 축복받았습니다.

내 눈은 보았고, 내 귀는 들었습니다.*

나는 누구인가? 인생에서 가장 중요하지만 답하기는 참으로 어려운 질문입니다. 대개는 어디 사는 몇 살의, 혹은 어떤 일을 하고 어떤 선호나 신념을 가진, 아니면 누구의 배우자라거나 부모, 자녀 등으로 자신을 밝힙니다. 흔히 사람들은 '나의 정체성(혹은 나)'이라고 여기는 것으로 자신을 설명합니다. 그 종류도 꽤 다양합니다. 직업이나 역할, 의견, 신념, 감정, 몸이나 건강 상태, 아이나 가족, 혹은 자신의 성취나 실패 등이 그런 것들입니다. 심리학에서는 이러한 자기 인식,

---

* 라빈드라나드 타고르, 류시화 옮김, 《기탄잘리》, 무소의뿔, 2017.

즉 '자신이라고 여기는 모든 것'을 자아(에고)라고 부릅니다. 즉, '자신이라고 여기는 모든 것' '자신에 대한 이미지' 모두가 에고입니다. 그런데 따지고 보면 에고는 우리가 입고 벗는 옷 같은 것입니다. 결국은 모두 임시적이고 과정적인 것들이지요. 그런데도 우리는 다양한 자아를 꽉 붙들고 그것을 온전한 자신이라 여기며 살아갑니다. 에고가 비만해지고 그것에 흠뻑 빠져서 소위 자아도취 상태가 되기도 합니다. 이러한 에고는 일면 삶을 지탱하는 힘으로 작용합니다. 그러나 좁은 자아에 갇히면 그 작은 틀 안에서만 세계를 해석하고 그에 따라 살게 됩니다. 자신이 지닌 맑고 푸른 가능성을 잊고 온전한 삶을 위한 다른 차원들을 놓치게 되는 것이지요.

어떤 나무들은 우리가 임시적이고 과정적인 것을 어떻게 다뤄야 할지 잘 보여줍니다. 어린 시절의 음나무나 탱자나무**, 두릅 같은 나무는 온몸에 뾰족한 가시를 달고 자랍니다. 하지만 충분히 자라면 어린 가지들을 제외한 줄기와 굵은 가지의 가시는 모두 떨굽니다. 대신 자신을 지키는 데에 쓰던 에너지를 줄여서, 더 높은 곳에 더 풍성한 가지를 뻗고, 더 많은 꽃을 피우기 시작합니다. 오동나무도 마찬가지입니다. 어린 시절에는 과하다싶을 만큼 거대한 잎으로 경쟁했지만, 성장한 뒤에는 잎의 크기를 줄이고 풍성한 가지와 꽃을 키워냅니다. 이제는 먼 곳도 보고 옆도 둘러보면서, 더 아름답고 품 너른 모습으로 변해가는 것입니다. 이것이 바로 임시적 자아를 내려놓고 삶의 새로운 차원과 접촉하는 길입니다. 우리 삶도 그렇습니다. 삶의 새로운 차원을 만나고 싶다면 비좁은 생존 차원 밖으로 나오려는 노력이 있어야 합니다.

더 확실한 생존 기반을 다지고, 더 많은 걸 소유할수록 삶의 기쁨이 커지리라 여기는 사람들이 많습니다. 그들은 좁은 자아가 빚어낸 일시적인 환상 속에 살고 있다는 걸 알지 못합니다. 그 집착이 삶의 또 다른 차원들을 경시하게 만듭니다. 아니면 겨우 흉내만 내며 더 높은 성취에 대한 집착을 이어가게 합니다. 그리하여 현대인의 삶은 자주 공허를 느낍니다. 무언가를 이루었거나, 원하는 것을 가졌음에도 여전히 채워지지 않는 **영혼의 기아 상태**를 경험합니다.

** 어린 시절 온몸에 억세고 긴 가시를 다는 탱자나무가 그 과정적 자아를 완벽하게 벗고 일반적인 나무들의 모습처럼 둥근 수형으로 자라는 나무를 만나고 싶다면 제주도의 추사 김정희의 유배지를 찾아가보기 바랍니다. 김정희의 제주 유배는 탱자나무로 울타리를 두르고 밖으로 나오는 것을 금하는 위리안치圍籬安置형이었습니다. 지금은 옛 공간을 복원하면서 울타리로 어린 탱자나무를 흉내 내듯 심어두었지만, 마당 한구석에는 다 자란 감나무 크기의 탱자나무가 살고 있습니다. 지붕보다 높은 곳의 어린 가지를 살피기 전에는 도저히 탱자나무라고는 상상할 수 없을 만큼 크고 굵고 가시를 다 떨군 탱자나무입니다. '이 나무는 자기 앞에 서서 〈세한도〉를 그리는 추사의 모습을 지켜보지 않았을까'라고 상상한 적이 있습니다.

생존 차원에 삶을 가두는 인식은 식물로 치자면 씨앗을 감싸고 있는 껍질과 같습니다. 씨앗의 껍질은 일종의 안전장치입니다. 껍질은 씨눈과 배젖을 보호하는 데에 꼭 필요한 부분입니다. 하지만 씨앗의 근본적인 목적은 껍질 안에 영원히 갇혀 지내는 것이 아닙니다. 씨앗의 목적은 꽃을 피우는 것이고, 마침내 열매를 맺는 것이며, 또 다른 씨앗을 세상에 내놓는 것입니다. 그 출발은 껍질을 찢고 밖으로 나서는 것입니다. 그래야 씨앗에게 새로운 삶, 새로운 차원이 열립니다.

우리의 삶 또한 마찬가지입니다. 충만한 삶으로 펼쳐질 기쁨의 씨눈을 가로막고 있는 단단한 껍질은 탐욕과 공포가 이끄는 분별과 차단 중심의 생존 감각입니다. 기쁨의 감각이 그 껍질을 벗기고 활성화될 때 비로소 충만한 삶이 시작됩니다.

기쁨은 우리가 세상을 분별없이 바라보고, 느끼고, 누리게 하는 **연결 중심의 감각**에 의지합니다. 차단 중심의 감각이 아닙니다. 충만한 삶은 오히려 나와, 내가 경험하는 세계 사이의 장벽을 허물수록 확장되는 새로운 차원입니다. 충만한 삶을 사는 사람들은 같은 사물을 대하더라도 다르게 느끼고, 깊게 마주할 줄 압니다. 그런 이들에게 밥은 단지 생존을 위한 에너지가 아닙니다. 차라리 평화와 감사입니다. 그들에게 여행은 단순히 어디를 가봤는지가 아닙니다. 오히려 깊은 만남이고 교감입니다. 그들은 자연의 풍경이나 예술을 단순한 오브제로 대하지 않습니다. 그것은 때로 벼락 같은 감동이고 분리되지 않는 합일입니다. 타자를 대하는 태도와 방식도 마찬가지입니다. 계산과 분별이 앞서지 않습니다. 반가움이 먼저고, 그 존재의 사정과 이야기를 판단 없이 들을 줄 압니다. 요컨대 삶의 충만은 모든 것에서 그 **심층을 읽고 발견**할 수 있을 때 찾아옵니다. 이것은 소외시켰던 기쁨의 내적 감각을 다시 활성화하면서 시작되는 경험입니다.

감각을 열고 더 넓게 확장하는 것, 그것이 충만한 삶으로 들어서는 하나의 입구입니다. 충만감은 나와 나, 나와 세계가 깊이 연결될 때 찾아오는 자연스러운 정서입니다. 숲의 나무가 눈보라를 피할 수 없고 들판의 풀이 온갖 동물을 피할 수 없듯, 관계는 만물 존재의 절대 운명입니다. 모든 생명은 관계를 통해 성장하고, 관계 속에서만 제 삶의 꽃을 피울 수 있습니다. 사람 역시 알맞은 관계를 통해서만 진정으로 충만한 삶을 맛볼 수 있습니다. 마음이 끌리는 친구, 연인과 깊이 연결되고 서로 교감해본 사람은 알 것입니다. 그때 우리 삶이 얼마나 두둥실 차오르는지를.

충만한 삶의 차원에 접속했을 때 느끼는 감정은 주로 기쁨과 안도감, 행복감, 심미적 쾌감 등입니다. 다만 이 소중한 감정들을 생존의 차원에 머물 때와 같은 방식으로 소비하는 것에 주의해야 합니다. 누군가 SNS에 올리는 사진을 보면 그가 보여주고 싶은 감정이 어떤 것인지 어렵지 않게 알 수 있습니다. 그 사진들은 마치 '지금 내가 얼마나 충만한지 보라!'고 외치는 듯합니다. 저는 이것을 '가짜 충만' 혹은 '조건부 충만'이라 부릅니다. 자기 현시 욕구만을 깔고 있거나, 어떤 감각적 만족이나 조건을 전제로 하는 것이기 때문입니다.

진정 충만한 삶에 머물기 위해서는 즐거움과 기쁨의 차이를 명확히 알아야 합니다. 우리는 끊임없이 즐거움을 좇으며 살아갑니다. 즐거움은 순간적이고, 외부적인 것입니다. 좋은 사람들과 맛있는 음식을 먹고, 여행을 떠나기도 하고, 음악이나 예술 작품을 감상하는 등 새로운 무언가를 성취하면서 즐거움을 만끽합니다. 하지만 그 즐거움들이 사라지고 나면 마음은 다시 허전합니다. 즐거움이 우리 내면에서 오는 것이 아니기 때문입니다. 즐거움은 외부의 자극으로 생성되는 감정입니다. 그것이 지속되려면 반드시 자극이(때로는 더 큰 자극이) 필요합니다.

기쁨은 즐거움과 다릅니다. 기쁨은 내면 깊숙한 곳에서 솟아나는 근원적인 감정입니다. 무엇을 하지 않아도, 특별한 일이 없어도 존재하는 마음의 일부입니다. 그것은 감정이라기보다는 **존재의 본질**에 가깝습니다. 기쁨은 외부에서 주어지는 것이 아닙니다. 즐거움은 대상, 즉 쾌감을 주는 조건이 필요하지만, 기쁨은 아무런 조건이 필요하지 않습니다. 그것은 지극히 자발적이어서 다만 깨어나고 열리기만 하면 됩니다. 아기가 태어나는 순간을 체험하거나 같이 목격할 때, 투명한 햇살이 커튼 사이로 부서지며 들어와 공간을 채울 때, 서쪽 하늘의 붉은 노을을 넋 놓고 바라볼 때, 다양한 새들의 지저귐이 푸르게 들려올 때, 함박눈이 허공을 장악하면서 온 세상으로 하염없이 내려앉을 때, 바람이 이리로 저리로 불며 만물을 다정하게 쓰다듬고 지나갈 때, 그저 부드럽게 숨을 들이쉬고 내쉴 때조차도, 우리는 기쁨을 느낄 수 있습니다. 기쁨은 삶이 지금 여기 이대로 충분하다는 것을 깨닫는 순간, 우리 마음 안에서 저절로 넘실대며 차오르는 아름다운 선물입니다. 진정으로 충만한 삶은 즐거움이 아니라 기쁨이 흐르는 삶입니다.

안타깝게도 우리는 기쁨을 알아채고 그것과 함께 사는 방법을 배우지 못했습니다. 어린 시절부터 우리는 즐거움을 찾는 법만 배웠습니다. 더 확실한 생존 기반의 확보가 행복한 인생을 보장하리라는 허구를 받아들였습니다. 더 나은 성적을 받아야 하고, 더 좋은 직장을 가져야 하고, 그래서 더 많이 소유하고, 더 인정받아야 한다고 믿는 사람이 되었습니다.

그런 것이 없어도, 혹은 있다가 사라지더라도 기쁨을 맛볼 수 있다는 진실은 배운 적이 없습니다.

우리는 어떻게 기쁨을 찾을 수 있을까요? 그것은 이미 우리 안에 기쁨이 있음을 깨닫는 것에서 시작됩니다. 감각적 쾌감을 제공하는 도파민에 속지 말아야 합니다. 순간을 온전히 살기 위한 깨어남을 잠시 연습해보겠습니다.

한 걸음 내디딜 때 발이 땅에 닿는 느낌, 땅이 발을 지탱해주는 감각을 느껴보세요.
숨을 들이마시며 공기의 부드러움과 그 고마움을 음미해보세요.
햇살이 손등을, 바람이 얼굴을 부드럽게 핥는 느낌을 알아차려보세요.

여기 이 순간, 있는 그대로의 세상에 내가 오롯이 존재하는 것만으로도 충분하다는 사실을 깨닫는 순간, 기쁨은 우리 안에서 사분사분 피어나기 시작합니다. 지금 여기에 현존하면 기쁨은 절대 달아나지 않습니다. 그것은 우리 존재의 일부이기 때문입니다. 중요한 것은 우리가 즐거움을 좇는 데에만 몰두하지 않고, 자기 내면에 깃든 기쁨을 발견하는 것입니다.

25장

다른 생을 일으켜 세우는 꽃처럼: 숭고한 삶

나는 내 생각보다 큰 존재입니다!
나는 내 안에 그토록 커다란 선함이 자리 잡고 있는지
알지 못했습니다!*

세상에는 더 큰 나로 사는 존재들이 있습니다. 그들의 삶에는 **숭고함**이 있습니다. '생존'과 '충만한 삶'이 '나-개인'으로 살아가는 삶에 관한 이야기라면, '숭고한 삶'은 '나-개인'으로서의 삶이면서 동시에 '내가 살아가고 있는 세계' 속에서의 내 삶에 관한 이야기이기도 합니다. 달리 말하자면 숭고한 삶은 인간 공동체, 즉 '사람의 숲'에서 나를 그 숲의 진정한 일원으로 살게 하는 차원입니다. 나의 삶을 살면서도 내가 속한 사람의 숲을 더욱 푸르고 향기롭게 만드는 데에 기여하는 삶

* 월트 휘트먼Walt Whiteman이 쓴 〈열린 길의 노래Song of the Open Road〉의 일부입니다.

에 관한 이야기입니다. 이 차원에는 생존 중심의 차원에서 얻는 쾌감이나, 조건부 충만에서 얻을 수 있는 즐거움과는 **비교할 수 없는 기쁨**이 놓여 있습니다. 숲은 이 차원에 관한 상징과 지혜를 우리에게 또렷이 보여줍니다. 더없이 신비롭고 아름다운 것이지만, 우리가 미처 그것을 알아보지 못하고 있을 뿐입니다. 그 상징은 바로 **꽃**입니다.

꽃에 대한 생물학의 이해는 간결합니다. 꽃은 암술과 수술, 꽃잎과 꽃받침, 씨방과 그 속의 밑씨 등의 정교한 구조를 갖춘 식물의 중요한 생식기관일 뿐입니다. 이처럼 서구 근대가 누적해온 지식은 명쾌하고 실용적입니다. 그러나 무엇이든 명明이 있으면 반드시 암暗이 있기 마련이지요. 합리성과 지식 중심의 이해 방식은 우리에게서 다른 가능성을 볼 수 있는 눈을 어둡게 하는 측면이 있습니다. 꽃을 생식기관으로만 한정하면 꽃이 품고 있는 다른 의미는 파묻히고 맙니다. 세상 만물의 이면에는 육안만으로는 파악되지 않는 세계가 흐르고 있고, 그 드러나지 않은 세계에 오히려 드러난 것 이상의 중요한 진실이 놓인 경우도 많습니다. 따라서 어떤 진실은 육안이 아닌 '마음의 눈'으로 볼 때라야 비로소 드러나기도 합니다. 사랑이 그렇고, 진심과 양심 같은 것들이 그렇습니다.

꽃도 그렇습니다. 꽃은 과학이 아는 그것 이상입니다. 생식기관이라 한정하고 그것을 부분부분 나누어 그 구조와 기능 중심으로 파악하는 것으로는 도무지 파악될 수 없는 세계가 꽃에 있습니다.

다행한 것은 꽃의 이면을 드러낼 줄 아는 다른 시선들이 우리 곁에 있다는 점입니다. 그 맨 앞에 시인들이 있습니다. 시인 박준은 돌림병 탓에 생매장당해야 했던 소 떼를 애도하며 시를 썼습니다.

한밤

울면서
우사 밖으로 나온 소들은
이곳에 묻혔습니다

냉이는 꽃 피면 끝이라고
서둘러 캐는 이곳 사람들도
여기만큼은 들지 않습니다

그래서 지금은

냉이꽃이 소복을 입은 듯

희고

머지않아 자운영들이 와서
향을 피울 것입니다*

　이른 봄날이었을 것입니다. 시인은 어딘가에서 하야니 소복하게 피어 있는 냉이꽃을 발견합니다. 그 자리가 울면서 끌려나온 소들이 파묻힌 땅임을 떠올립니다. 이윽고 시인의 눈에는 하얀색 냉이꽃이 소복으로 보이고, 그 모습이 죽어간 소 떼들을 문상하는 것처럼 보입니다. 장차 피어날 자운영도 떠올린 시인은 홍자색 자운영꽃이 향을 피우며 문상할 것이라 노래합니다. 꽃이 다른 생명의 죽음을 애도한다는 시선입니다. 애틋하고 뭉클합니다.

　꽃은 세계 곳곳에서 항상 피었습니다. 과학이 그것을 생식기관으로 한정할 때, 다른 시선을 가진 수많은 예술가와 시인들은 꽃으로부터 무한한 영감을 얻고 그것을 표현했습니다. 꽃의 다른 의미를 인류와 나누어왔습니다.

* 박준, 〈문상〉, 《우리가 함께 장마를 볼 수도 있겠습니다》, 문학과지성사, 2018.

부처나 예수에게도 꽃은 식물의 단순한 생식기관 수준이 아니었습니다. 일찍이 예수는 꽃에 대해 명상하고 꽃으로부터 삶을 배우라고 했습니다.* 또 부처는 연꽃 한 송이를 들어 보이는 퍼포먼스를 통해 말보다 깊은 침묵의 가르침을 전했습니다.** 이른바 영산회상으로 일컬어지는 이 법회에서 마하가섭만이 부처의 심오한 가르침을 헤아렸다고 전합니다. 소위 염화미소, 이심전심 같은 말이 여기서 유래했다고도 하죠. 깨달음을 얻은 이들의 눈에 꽃은 철리哲理를 담고 있는 정수였던 것입니다.

꽃을 마음의 눈으로 바라보기 시작하고 그 꽃을 향해 깊이 명상할 수 있을 때, 우리 역시 그로부터 말로 다 표현되지 않은 진실을 마주할 수 있습니다. 꽃을 신비와 영성의 차원에서 바라보는 또 하나의 시선을 소개해보겠습니다. 그것은 바로 꽃을 '**식물의 깨달음**'으로 보는 관점입니다. 에크하르트 톨레Eckhart Tolle는 달라이 라마Dalai Lama, 틱낫한Thích Nhất Hạnh과 함께 21세기를 대표하는 영적 스승으로 불리고 있습니다. 톨레는 지구의 첫 꽃이 피는 장면을 상상하게 합니다.*** 지구 생명의 역사에서 첫 꽃이 피고, 이후 도처에서 다양한 꽃이 피

* 《성경》, 〈마태복음〉 6장 28~30절.
** 영산회상거염화靈山會上擧拈花. 《전등록傳燈錄》에 기록되어 있습니다.
*** 에크하르트 톨레, 류시화 옮김, 《삶으로 다시 떠오르기》, 연금술사, 2013.

기 시작하는 창발적 사건을 한번 상상해보세요. 꽃이 아예 없던 지구에 어느날 갑자기 어떤 식물이 처음으로 꽃을 피웁니다. 그리고 차츰 지구의 거의 모든 장소에서 다른 많은 식물이 저마다의 색깔과 향기를 띠는 꽃을 폭발적으로 피우며 번지기 시작합니다. 톨레는 식물이 이룩한 이 놀라운 현상을 식물의 깨달음이라고 말합니다. 이 통찰은 너무 낯설어서, 날카로운 이성과 지식을 마치 신처럼 떠받드는 사람들은 수용하기 어려울 것입니다. 그러나 꽃을 이렇게 읽을 때 꽃이 품고 있는 숭고함을 저절로 발견하게 됩니다. 나아가 꽃처럼 살아보고 싶다는 마음도 품게 됩니다. 제 경험도 그랬습니다.

숭고한 삶은 보통 타인이나 인류를 위해 자신을 희생하거나, 자신의 이익이나 생존을 넘어서는 이상과 신념을 실천하는 삶으로 이해됩니다. 그래서 희생이나 고통을 기꺼이 감내해야만 숭고한 삶을 살 수 있다고 여기는 사람들이 많습니다. 그러다 보니 영웅들이나 살아볼 수 있는 삶이라 치부하고 '나와 내 가족만 잘 챙기며 살자'는 식으로 삶의 가능성을 축소하거나 자포자기*하는 경우가 많습니다.

숭고한 삶을 포기하거나 타인의 몫으로 미루는 것은 자

신이 실은 얼마나 크고 빛나는 존재인지 알지 못해서 빠지는 오류입니다. 이럴 때 우리는 영웅이 어떻게 탄생하고, 또 꽃이 어떻게 피어나는지 떠올려 봐야 합니다.

평생 신화와 인생을 연구한 조지프 캠벨Joseph Campbell의 통찰은 주저앉으려는 우리를 다시 일으켜 세웁니다.** 그는 자신의 연구를 통해 모든 사람 안에 존재하는 영웅의 잠재성을 밝혀냈습니다. '우리 각자가 자기 삶을 통해 주변 세계를 구할 수 있는 영웅'이라는 것입니다. 캠벨은 세계 신화 속에서 공통된 이야기 구조를 발견했습니다. '일상에서 부름을 받고 모험에 나서며-위기와 시련을 극복한 후-변화된 존재로 귀환해 세상을 치유하는 여정'. 그는 이것을 **영웅의 여정**이라 불렀습니다. 캠벨은 이 여정이 특별한 이들만의 이야기가 아닌, 우리 모두의 삶에 적용되는 원형적 성장구조라고 보았습니다. 나무와 풀의 여정도 같은 지점을 가리킵니다. 씨앗은 '싹

* '포기'라는 말로 줄여서 쓰이기도 하는 '자포자기'는 《맹자》에서 유래합니다. 맹자는 더 나은 인간이 되려는 노력을 이런저런 핑계를 대며 내던지고 사는 것을 자포자기라 했습니다. 자신을 함부로 대하는 자를 자포자自暴者라 하고, 자신을 내버리고 돌보지 않는 자를 자기자自棄者라 규정했습니다. 자포자기한다는 것은 한마디로 인간으로서의 가능성을 외면하는 일이요, 자기로부터 도망치는 삶을 뜻합니다. 이 말을 자연에 빗대자면 나무나 풀이 험악한 기상 조건 등을 핑계로 제 꽃을 피우지 않겠다고 하는 것과 같습니다.
** '우리 누구나 자기 인생의 영웅'이라는 것'을 알고자 한다면 다음 책들을 참고하세요. 조지프 캠벨, 박중서 옮김, 《영웅의 여정》, 갈라파고스, 2020. 조지프 캠벨, 노혜숙 옮김, 《블리스로 가는 길》, 아니마, 2020.

트고-빛의 부름을 따라-자라면서 온갖 모험을 통해-역경을 이겨내며-마침내 환히 꽃 피고 열매를 맺어냅니다'.

꽃의 은유와 캠벨의 통찰이 말하듯, 저마다의 자리에서 각자 꽃 피우면 그것이 곧 영웅의 여정이고 그 삶이 곧 **숭고한 삶**일 것입니다. 평범한 일상에서도 우리는 얼마든지 숭고함을 실천할 수 있습니다. 겨울에 눈이 내리면 저는 저의 집 앞만이 아니라, 골목 끝까지 쌓인 눈을 치웁니다. 초등학교로 이어진 인도와 노인들이 자주 찾는 보건소 주변에 쌓인 눈도 함께 치웁니다. 내가 그어놓은 나와 나 아닌 것들 사이의 심리적 경계가 자발성의 크기를 결정합니다. 저에겐 대문 밖의 골목도 저의 공간입니다. 가끔 들르는 편의점 직원에게서도 저는 숭고함을 봅니다. 그는 양손에 짐을 든 손님들을 위해 냉큼 나와서 문을 열어주고, 점포 앞에 비치된 쓰레기통은 차오를 틈 없이 자주 비웁니다. 그는 손님을 언제나 따뜻한 미소로 반기고 또 보냅니다. 시골 행정기관의 민원실에 근무하는 어느 공무원에게서도 저는 숭고함을 봅니다. 그는 말과 행동이 어눌하거나, 글씨를 읽고 쓰지 못하는 민원인을 자기 부모나 형제 대하듯 친절하고 자상하게 돕습니다

삶의 숭고함은 이런 모습으로 발현되는 것이라고 꽃은 말합니다. 꽃의 숭고함은 조용하면서도 분명한 방식으로 드러납니다. 꽃은 모두 저 자신을 위해 피어납니다. 하지만 피

었다 하면 자신의 꽃으로 반드시 다른 생명을 일으킵니다. 벌과 나비, 그리고 개미를 비롯한 여러 벌레들을… 꿀과 꽃가루를 통해서, 아니면 꽃 그 자체가 피신처나 잠자리가 되어주면서. 꽃은 거기에서 그치지 않고 열매를 맺어 또 다른 생명을 돕습니다. 꽃은 피고 지는 과정을 통해 자연스레 숭고함을 실천합니다.

우리 모두가 위인전 속 인물들처럼 거대한 자기 초월을 감행할 수는 없을 것입니다. 하지만 자기 안의 사랑과 진심을 따라 행동할 수는 있습니다. 우리 각자가 그렇게만 하면 됩니다. 영웅들의 그것처럼 꼭 거대하지 않아도 됩니다. 단지 나의 가능성을 포기하지 말자, 자기 배반을 하지 말자는 것입니다. 앞서 말했던 맹자의 '자포자기'야말로 자기 삶에 대해 최고로 무례하고 무책임한 태도입니다. 자신 안에서 터지기만을 기다리고 있는 그 환한 빛을 세상에 꺼내놓으려 노력하지 않는다면, 안타깝지만 그는 자신을 사랑하지 못하는 사람입니다.

타자에 대해서도 마찬가지일 것입니다. 타자를 함부로 대하는 일은 결국 자신을 함부로 대하는 일입니다. 또는 타자를 속이고 착취하면서 살고 있다면 이미 먼저 자기 자신을 속이고 착취하며 사는 것입니다. 아무리 성공하고 권력을 가져도, 그런 삶은 참된 자유와 평화를 얻을 수 없습니다.

숭고한 사람들 마음의 밑바탕에는 항상 자애와 연민이 깔려 있습니다. 그들의 마음은 칼날처럼 예리하지 않습니다. 차라리 꽃잎처럼 보드랍고 환해서 차마 타자의 곤경과 아픔을 외면하지 못합니다. 그들은 오히려 누군가의 고통을 마주하면 그것을 자신의 일처럼 여기고 함께하려 합니다.

숭고한 삶을 사는 사람들은 자주 정신적인 희열을 경험합니다. 그들은 피할 수 없는 고난과 상처를 겪으면서도 내면의 평화와 자유의 시공간을 스스로 만들어낼 수 있습니다. 진짜 자유와 평화는 온갖 부정적인 상황이 제거된 진공 상태가 아닙니다. 오히려 영취산에서 부처가 들어 보인 연꽃처럼, 흙탕물 그 어둠을 먹고 솟구치며 자신을 환하게 밝힐 수 있는 것이 참된 자유이자 평화입니다.

다큐멘터리 영화 〈어른 김장하〉는 경남 진주에서 60년 동안 한약방을 운영한 김장하 선생의 삶을 담았습니다. 한 사람이 참된 사랑으로 인생을 살면 주변을 어떻게 환하게 밝힐 수 있는지, 덕분에 밝아진 세상은 또 얼마나 아름다운지를 느낄 수 있는 작품입니다. 어떤 조건도 없이 주변을 보살피며 사는 이 어른에게 이념의 보자기를 덧씌워 그 선행을 멈추라고 협박하는 이들의 이야기도 등장합니다. 그런데도 '어른 김장하'는 흔들림이 없습니다. 숭고한 삶을 사는 사람의 평화가 어떤 것인지 엿볼 수 있는 대목입니다. 그의 마음에는 흙탕물이 일지 않습니다.

사랑은 태어날 때부터 우리에게 주어진 천부의 씨앗입니다. 누구나 사랑받기를, 그리고 사랑하기를 열망합니다. 그 씨앗을 펼쳐내기만 하면 누구나 숭고한 삶에 이르게 됩니다. 꽃을 피우는 일이 수많은 역경을 이겨내면서 가능한 것처럼, 사랑은 역경에 굴하지 않음으로써 만개할 수 있습니다. 숭고한 사람들은 역경을 상수로 받아들이고 전진합니다. 그들은 빨리 지치지도, 쉽게 포기하지도 않습니다. 사랑의 본능이 그러하기 때문입니다.

꽃이 핍니다. 그러면 그 주변이 환해집니다. 당신이 당신의 꽃을 피우고, 제가 저의 꽃을 피워야 하는 이유가 거기 있습니다. 억지로 말고 자발적으로. 남의 꽃 말고 자신의 꽃으로. 타인의 시간 말고 나 자신의 때에.

26장

완벽해지려 애쓰지 말아요: 온전한 삶

인간 삶의 희망은 다만 과정에 있을 뿐입니다.
생명 모두는 매 순간 선택을 통해 자기 세계를 생성하는
진화적 존재이자 과정적 존재일 뿐입니다.

오늘날 많은 사람이 스스로 설정한 인간상에 정확하게 들어맞는 삶을 살기 위해 자신을 채찍질하거나 착취하며 살아갑니다. 완벽 혹은 완전은 생명의 실체도 아니고, 삶의 진실과도 어긋나는 허상입니다. 오히려 완벽에의 추구는 인간에게서만 목격되는 일종의 병리적 현상 같은 것입니다. 숲은 완벽한 삶은 아예 없다고, 그것은 허구의 세계라고 입증합니다. 이 존재하지 않는 세계를 주야장천 추구하면, 다시는 돌이킬 수 없는 우리의 삶을 허비하거나 망쳐버리게 됩니다. 삶을 조금이라도 더 **온전**하게 살고자 한다면 완벽해지려 애쓰지 말아야 합니다. 평생 삶에 필요한 모든 것들을 갖춰 흠이

없는 삶을 산다는 게 정말 가능한 일일까요?

　재산이 풍족하면 삶이 더 완벽해질 수 있다고 믿는 사람들이 많은 듯합니다. 그런데 왜 재벌, 고관대작의 자녀들이 마약에 손을 댔다는 뉴스가 끊이지 않을까요? 자녀들에게 꽃길만 걷게 해주려는 부모들이 넘쳐나는데, 왜 많은 아이와 청소년, 청년이 정신건강의학과를 찾고 있을까요? 전에는 듣기만 해도 가슴이 뛰는 단어가 '청춘'이었는데, 지금은 청년 우울증이 심각하다는 소식을 빈번하게 접합니다. 소설가 민태원의 "청춘 예찬"*은 오늘날 무색해졌습니다. 대한민국은 지금 황무지를 향해가는 것일까요? 오랫동안 자살률 세계 1위를 굳건히 지키고 있는 것은 불편한 진실입니다. 경제협력개발기구 회원국 중에서 출생률이 가장 낮은 나라가 되어 저명한 미국의 교수로부터 "완전히 망했네요"라는 말도 들었습니다. 우리 공동체는 지금 생명성의 반대 방향을 향해 암울한 행보를 계속하는 중입니다. 현실은 답답하고 미래는 더 막막해 보입니다. 우리는 이 난맥상을 풀 수 있을까요? 어디부터 풀어야 할까요? 황무지가 다시 숲으로 어떻게 회복될 수 있을지 도법자연, 자연의 이치를 뒤적이게 됩니다.

* 1929년 6월 《별건곤》 제21호에 수록된 민태원의 산문 제목입니다.

사막화된 땅을 숲으로 바꾸는 일은 쉽지 않습니다. 단숨에 되는 일도 아닙니다. 영웅적인 한 그루의 나무나, 한 포기의 풀만으로는 절대 불가능한 일입니다. 황폐한 땅이 다시 숲이 되려면 땅바닥, 즉 토대가 먼저 변해야 합니다. 여러 생명이 살고 죽기를 반복하며 만들어낸 성취가 조금씩 흙을 기름지게 해야 합니다. 해가 바뀔 때마다 딱딱한 흙은 점점 부드러워지고, 이제 그곳에 새로운 풀과 나무의 씨앗이 자유롭게 싹트기 시작할 것입니다. 숲 공동체의 생명 주체들이 이룬 성취의 일부는 늘 숲 바닥으로 되먹임feedback하고, 그러면 흙은 점점 더 살아납니다. 이윽고 땅 속으로부터 숲의 우듬지까지 더 다양한 생명들이 넉넉히 깃들고, 숲은 다시 그윽해집니다. 메마른 황무지가 다양한 빛깔과 향기, 소리를 뿜어내는 숲으로 변해가는 원리가 그렇습니다.

　숲의 바닥이 흙이라면 인간 공동체의 바닥은 시민입니다. 변화는 건강한 시민의식을 갖춘 이들의 **연민**과 **연대**에서 시작됩니다. 세상의 중심이 어디냐고 묻던 누군가 그랬죠. 내 몸의 중심이 아픈 곳이듯, 세상의 중심도 아픈 곳이라고. 그 아픔을 공감하는 마음이 연민입니다. 황무지를 버텨내는 작은 풀씨의 자세로 저마다 발 딛고 있는 자리에서 자신의 꽃을 성실히 피워갑니다. 그리고 그 일을 주변과 함께 해나갑니다. 이것이 연대입니다. 이런 움직임이 차츰 더 넓게 확산할 때 우리 공동체의 푸르름도 깊어질 것입니다. 정치와 행정, 사법이 시민을 배신하고는 존립할 수 없게 되고, 기회주의자들이 발붙일 수 없을 만큼 시민의 의식과 행동이 건강해지면 우리 공동체도 깊은 숲처럼 그윽해질 것입니다.

세계를 바꾸는 일은 만만치 않은 일입니다. 하지만 나 자신을 변화시키는 일은 훨씬 수월합니다. 완전 또는 완벽한 삶의 추구라는 허상을 거두는 일부터 시작하는 것입니다. 그런 것이 있다면 그건 오직 신의 영역일 것입니다. 자연 어디에도 개체로서 완전한 존재는 없습니다. 근본적으로 우주부터 그렇게 생기질 않았습니다. 우주는 태극이라서 기댈 것 없이 어느 하나만으로 완전할 수는 없습니다. 우주는 빛으로만 이루어진 세계가 아닙니다. 우주는 찬란한 빛의 시간과 칠흑처럼 어두운 시간을 합쳐서 온전한 세계를 이룹니다. 우리 삶도 마찬가지입니다. 최상의 삶은 완전한 삶도, 완벽한 삶도 아닙니다. 태극의 로고스 속에서 우리가 시도할 수 있는 최상의 삶은 다만 온전한 삶을 추구하는 것뿐입니다.

'온전한 삶'이란 무엇일까요? 또 어떻게 가능할까요? 온전한 삶은 내 앞에 닥치는 빛과 그림자, 그 모든 사태를 거부하지 않고 받아들이는 삶입니다. 생명 존재로서 그 모든 것을 받아들이고 경험하는 삶이 온전한 삶입니다. 누구도 빛만 취할 수는 없습니다. 좋아하는 한 면만을 차지할 수 있다는 것은 망상입니다. 만물은 상반되는 면이 서로를 떠받침으로써 온전함을 이루기 때문입니다. 온전히 사는 것은 누구나 가능한 일입니다. 아끼던 무엇을 잃더라도, 혹은 그 사람이 나를 내팽개치고 가버렸더라도 우리 삶은 온전함 속에 머물 수 있습니다. 영영 돌아오지 않는다 해도 괜찮습니다. 내가 아직 숨쉬고 있다면 괜찮습니다. 살아 있다는 것은 새로워지는 것이므로, 거기서부터 다시 새로워지면 됩니다. 새로워지기 위해 모험을 다시 시작하면 됩니다. 새로운 모험 때문에 또 아프다면 그것 역시 삶의 일부로 받아들이면 됩니다.

온전한 삶을 위해서 우선 대극을 이해하고 수용하는 자세가 필요합니다. 삶은 이기고 지는 무엇이 아닙니다. 우열의 좁은 잣대를 거두면 더 풍성하고 온전한 삶이 열립니다. 우리가 **불완전하고 취약한 존재**임을 인정하기만 해도 삶은 한결 부드러워지고 자신과 타자에 대한 혐오도 사그라듭니다. 사람들은 대개 자신 안의 탐욕과 부도덕과 음란성을 부정하면서 그것을 남에게 투사함으로써 내던지려 합니다. 그 투사의 스위치를 끄고, 오히려 자신이 얼마나 불완전하고 취약한 존재인지 알아채고 받아들이는 수용의 스위치를 켤 때, 삶의 온전성은 제 날개를 펴기 시작합니다. 불완전한 자기 내면을 늘 알아차리는 것만으로도 삶은 온전성을 갖추기 시작합니다. 인간으로서의 취약성을 인정하고 그 진실에 조건 없이 항복하면, '나'는 작아질 것 같지만 전혀 그렇지 않습니다. 오히려 그 마음의 텃밭에 나 자신과 나 아닌 존재에 대한 연민이 싹 트기 시작합니다.

다음은 **결과보다 과정을 중심**으로 사는 것입니다. 일반적인 생각과 달리 삶의 실체는 '그래서 얼마나 많은 걸 얻었는가, 혹은 잃었는가'로 채워지지 않습니다. 오히려 삶은 '순간 순간 무엇을 어떻게 맞이하는가'로 채워집니다. 저는 그 소중한 지혜를 숲의 생명들로부터 배웠습니다.

밭을 일구던 어느 날, 삽날에 찍혀 몸이 반으로 토막난 지렁이를 보았습니다. 지렁이는 한동안 잘린 몸을 이리 튕기고 저리 비틀었습니다. 제 마음도 찡그려지며 아렸습니다. 그런데 얼마 뒤 지렁이는 그 아픔에 머물러 있지 않고 새롭게 자세를 잡기 시작했습니다. 지렁이는 그 잘린 몸으로 다시 길을 나서는 것이었습니다.

눈에 부러진 소나무도 그랬습니다. 겨울 어느 날 밤, 퍼붓는 눈을 한가득 뒤집어쓰고 숲의 아름다운 풍경을 빚는 데에 일조하던 소나무 한 그루가 갑자기 큰 소리를 냈습니다. 다음날 눈 덮인 숲길을 헤치고 그곳으로 가보았습니다. 당시 칠순 이상의 나이를 살아내고 있던 소나무의 상실은 거대했습니다. 하나의 줄기로 곧고 높게 뻗어 올라가다가 양갈래로 분기한 굵은 가지 중 하나가 땅바닥에 나동그라져 있었습니다. 가지가 떨어질 때 주변도 후려 쳤던 모양입니다. 아래에서 자라던 몇몇 활엽수들도 무참히 꺾여 있었습니다. 자기 몸을 절반쯤 잃은 그 소나무는 다른 한쪽 가지만을 달고 찬바람 속에 우두커니 서 있었습니다. 봄이 오자 그 소나무는 아직 남아 있는 가지로 하늘을 향해 새롭게 뻗어나가기 시작했습니다. 지난겨울 눈 때문에 입은 상처는 다만 상처로 남겨둔 채.

길가에 아무렇게나 살아가고 있는 것처럼 보이는 풀도 마찬가지입니다. 낫이나 예초기에 철마다 자신의 일부를 잃으면서도 그들은 다시 올라와 기어코 꽃을 피웁니다. 숲과 그 언저리에서 상처입고 사는 모든 존재가 우리에게 말합니다. 상처가 없기를 바라지 말라고, 나를 아프게 한 존재를 원망하느라 삶을 허비하는 건 **어리석은 짓**이라고, 지금 여기의 삶에 최선을 다하는 것이 생명의 몫이라고. 온전한 삶은 상처나 상실이 아예 없거나, 그것을 전혀 겪지 않는 삶이 아닙니다. 온전한 삶은 오히려 그 모든 것을 삶의 한 과정으로 바라보고 품어내 다시 새로워지는 삶입니다.

끝으로 온전한 삶을 살려면 **비교하지 않는** 삶을 살아야 합니다. 대극의 질서를 이해하고 그것을 받아들이면 삶에 우열이 없다는 걸 알게 됩니다. 오히려 **삶은 리듬에 가깝다**는 점을 알아차리게 됩니다. 그러면 인간이 만든 우열의 허울에 반응하기보다 오히려 자신과 세계의 리듬을 알아내고 둘 사이의 간극을 줄여 조화를 이루는 삶을 살아가려 합니다.

숲의 생명들은 모두 그 아름다운 조화 위에서 자신의 때를 찾으며 춤추듯 살아갑니다. 냉이는 냉이로 봄에 빛나고, 달개비는 달개비로 여름에 빛날 줄 압니다. 산국은 늦가을 서릿발의 리듬 속에서 제 빛나는 리듬을 찾아냈습니다. 찔레는 숲 가장자리를 지키며 빛나는 존재가 되었고, 투구꽃은 숲 한복판을 지키며 빛나는 존재로 살아갑니다. 무릎 높이보다도 작은 풀은 그 낮은 자리를 지키며 빛나는 존재고, 동산만큼 커다란 나무도 그 높은 자리를 밝히며 빛나는 존재로 살아갑니다.

온전한 삶을 살게 되면 더는 우열로 양분된 세상의 저열한 수군거림에 흔들리지 않습니다. 오히려 삭막한 세계를 변화시키기 위해 최선을 다하고, 타자와 연대하는 일도 기꺼이

해나가기 시작합니다.

태어나서 죽기까지 소중하지 않은 날이 없습니다. 무엇을 얻었든(아니면 잃었든), 삶에 찬란한 햇살이 드는 때든 폭풍우가 닥친 때든, 지금 꽃길을 걷고 있든 가시밭길을 걷고 있든, 건강하든 아프든, 젊었든 속절없이 늙어가든, 한때의 언행이 부끄럽든 자랑스러웠든…. 그 모든 날이 다 자신의 소중한 삶을 이루는 것입니다. 숲은 우리에게 날마다 속삭입니다. 오늘도 다만 온전함을 향해 살라고. 주어진 삶을 더 깊이 안아보라고.

27장

가장자리를 허물다: 초월의 삶

도를 공부하는 것은 자아를 공부하는 것.

자아를 공부하는 것은 자아를 잊는 것.

자아를 잊는 것은 모든 사물에서 깨달음을 얻는 것.[*]

인간이 살아볼 수 있는 삶의 가장 심원한 차원은 **초월**의 삶입니다. 흔히 초월은 한계로 여겨지는 어떤 것을 뛰어넘는 것을 의미합니다. 만물에는 저마다의 한계가 있습니다. 한계는 그 존재의 끝이고 가장자리입니다. 그 경계를 따라 사물의 범위가 정해집니다. 예컨대 '나'는 피부를 경계로 삼아 나 아닌 것들과 구분됩니다. 하늘과 땅, 바다와 육지, 나무와 나무 등 세상의 모든 존재가 각자의 가장자리를 통해 구획되고 나뉩니다. 눈에 보이지 않는 개념들도 마찬가지입니다. '인간은

---

[*] 선승 도겐道元의 말입니다. 잭 콘필드, 이재석 옮김,《마음이 아플 땐 불교심리학》, 불광출판사, 2020에서 재인용했습니다.

신이 될 수 없다'는 말에도 이미 둘을 가르는 선이 포함되어 있습니다. 능력과 인내에도 한계는 있고, 즐거움과 미움 같은 감정에도 일어서고 소멸하는 지점은 있기 마련입니다. 일생도 마찬가지입니다. 첫 숨에서 시작해, 마지막 숨이 멎는 지점에서 닫히는 것이 삶이지요.

인간은 경계 지을 수 있는 모든 것에 이름을 붙이며 살아왔습니다. 사람은 누구나 그 이름을 이해하는 능력, 즉 대상을 분별하고 호명하는 능력으로부터 배움을 시작합니다. '맘마' '엄마' '아빠' 등으로 시작해 '내 것' '네 것' 등으로 확대됩니다. 어느 정도 이름을 익히고 나면 이제 그것들을 연결하고, 조합하고, 분석하는 능력을 자연스레 익혀갑니다. 학교에서의 공부도 그 분별 능력으로부터 시작해 차츰 분석과 해석, 유추와 판단 등으로 심화해갑니다. 이성 중심의 현대사회는 이런 능력을 중시합니다. 따라서 그 능력이 뛰어난 사람들이 각별한 대접을 받습니다. 하지만 이 과정에서 한 가지 중요한 영역이 소외되고 말았습니다. 경계 없는 세계에 대한 이해와 체험입니다. 우리가 말로 표현할 수 없는 세계, 분별할 수 없는 차원은 점점 더 멀어지고 있습니다.

천지여아동근 天地與我同根
만물여아일체 萬物與我一體

후진 시대의 법사 승조僧肇가 쓴 《조론肇論》의 〈열반무명론涅槃無明論〉에 나오는 구절입니다. '하늘과 땅이 나와 같은 뿌리요, 만물이 나와 더불어 한 몸이다'라는 뜻입니다. 승조가 남긴 저 문장을 누구나 읽을 수 있을 테지만, 저 말이 가리키는 실상을 체험할 수 있는 현대인은 얼마 되지 않을 듯합니다. 누군가는 뜬구름 잡는 이야기라고 느낄지도 모르겠습니다.

모든 것의 가장자리를 찾아 분별해내며 살면 여러 면에서 합리적이고 편리합니다. 예컨대 조직에서 구성원들에게 책임과 권한을 명확하게 부여하면 책임감과 효율성이 향상됩니다. 하지만 전체 차원에서는 다른 문제가 생기기도 합니다. 방관("그건 내 일이 아니니까 난 몰라요")이 생기고 결국 공백이 남게 됩니다. 특히 내 것과 네 것으로 나눌 수 없는 영역, 즉 시비나 선악, 우열처럼 양단하기 어려운 문제들 앞에서는 그 방식이 오히려 진실을 왜곡할 수 있습니다. 왜냐하면 그러한 문제들은 다양한 관계와 복잡한 맥락 속에서 겨우 진실에 가까워질 수 있는 영역이기 때문입니다.

한마디로 어떤 것, 혹은 각자의 가장자리를 중심으로 세상을 인식하는 방식은 갈등과 분쟁을 싹트게 하고, 혐오와 배제가 자라도록 하며, 때로는 어리석은 폭력과 전쟁을 부르기도 합니다. 우리 삶에 초월이 함께 있어야 하는 까닭이 바로 여기 있습니다. 초월이 함께 하는 삶에는 미움과 다툼, 폭력 같은 소란은 없는 대신에 연민과 평화, 기쁨이 있습니다.

그러면 초월에 이르는 길은 어디에 있을까요? 에드윈 마크햄Edwin Markham의 〈원〉이라는 시를 읽어보겠습니다.

그는 원을 그려 나를 밖으로 밀어 냈다.

나에게 온갖 비난을 퍼부으면서.

그러나 나에게는

사랑과 극복할 수 있는 지혜가 있었다.

나는 더 큰 원을 그려 그를 안으로 초대했다.*

우리가 겪는 불화와 부자유는 가장자리를 가진 저 원 때문에 발생합니다. 저마다 그려놓고 있는 원이 타자를 들여놓기에는 너무 비좁고 견고합니다. 사람들은 이 원이 단단할수록 자신이 소중하다고 여기는 것들을 더 잘 지킬 수 있을 것이라 믿습니다. 원 안에서는 자기 마음대로 되는 세상을 누릴 수 있다고 느끼기 때문입니다. 시 속에서 그 단단한 에고에 의해 원 밖으로 밀려난 '나'가 발휘하는 지혜를 가만히 음미해보세요. 시인의 지혜에 마음이 환해지지 않나요? 시인은 나를 밀어내버린 원을 넉넉히 감싸안을 만큼 더 큰 원을 그리는 방법

* 원제는 〈Outwitted〉입니다. 류시화, 《시로 납치하다》, 더숲, 2018에서 재인용했습니다.

이 있다고, 그게 한 수 위outwitted라고 우리에게 귀띔합니다.

인간이 겪는 모든 차별과 배제는 저 원의 가장자리를 따라 발생하고, 부자유는 그 원의 크기로부터 연유합니다. 그럼에도 우리는 자신만의 좁은 원을 그려놓고 그 안으로 들일 것들과 그 밖으로 밀어낼 것들을 예민하게 감시합니다. 하지만 초월의 삶에 이른 사람들은 오히려 반대로 말합니다. 원을 더 크게 그리라고, 나아가 아예 원을 치우라고 말합니다. 아예 원을 형성하는 모든 가장자리를 지우고 허물 때, 가없는 자유를 맛볼 수 있다고 말합니다.

사람들은 초월의 삶을 '오르지 못할 나무'라고 빗대기도 합니다. 하지만 기억을 떠올려보세요. 나와 나 아닌 것, 그 사이의 경계를 잠시만 허물어도 우리 마음이 달라지는 경험이 누구나 있었을 것입니다. 누군가와 조건 없는 우정과 사랑을 깊게 나눌 때, 또는 내 것 네 것 가리지 않고 모두가 힘을 합쳐 어려운 일을 해결했을 때…. 초대한 적 없는데도 뿌듯함과 기쁨이 저절로 찾아왔던 기억이 있을 것입니다.

더 분명한 증거도 있습니다. 인류 역사에는 초월의 삶을 살았던 존재들의 이야기가 두껍게 기록돼 있습니다. 그들은 가없는 삶을 깨닫고, 인류 전체를 향해 마르지 않는 사랑을 실천함으로써 인간이 살아볼 수 있는 삶의 최대치를 여러 형태의 표본으로 남긴 존재들입니다. 그들은 우리가 그려놓고 집착하는 다양한 원을 모두 허문 존재들입니다.

그들의 인식체계에서는 분별하는 마음이 아예 사라져 천지여아동근, 만물여아일체의 삶을 걸림 없이 체험합니다. 심지어 그들은 물리적 토대인 몸(신체)마저 넘어섬으로써 한계 없는 사랑을 실천했습니다. 자기 자신은 물론이고 가족이나 민족을 넘어선 존재들이 되었고, 시공마저 넘어섰습니다. 그들은 세상을 떠난 뒤에도 많은 이의 가슴 속에 영원한 스승으로, 신앙의 대상으로 여전히 살아 있습니다. 부처는 고행과 선정을 통해 거대한 깨달음을 얻고, 중생들이 고통으로부터 해방될 수 있는 체계적인 길을 제시했습니다. 예수도 그랬습니다. 그는 기꺼이 십자가에 산 채로 못 박힘으로써 인류에게 구원과 사랑의 길을 제시했습니다. 공자와 맹자 역시 '인의예지'가 본래 인간 자신의 것임을 밝힘으로써 시대를 초월한 인간의 길을 제시했습니다. 이들 모두 분별을 넘어 사랑을 향해 나아갔습니다.

가까운 시대에도 초월의 삶을 실천한 이들이 있습니다. 수운 최제우와 해월 최시형이 펼친 동학은 '사람이 곧 하늘'이라는 초월적 통찰을 바탕으로 생명과 세계를 다시 인식하게 합니다. 동학은 봉건과 외세에 맞서 싸운 민중운동이기도 하지만, 그 이전에 '반생명'을 넘어서기 위한 인식 혁명이었습니다. 원광대학교 교수 조성환의 설명처럼 동학은 "폭정에 대한 항거이자 외세에 대한 저항이기 이전에 하나의 생명운동"* 이었습니다. 동학이 '반봉건 반외세' 운동을 전개했던 이유는 외세의 행태가 반생명적이었기 때문입니다. 동학은 "누구나 하늘님을 모시고 있고侍天主, 사람이 곧 하늘님人乃天"이라고 말합니다. 그들에게 생명이란 서로 모시고 또 모심을 받는, 분리할 수 없는 하나였습니다. 이는 인간이 인간 아닌 생명에 대해 그어놓은 견고한 원을 허무는 인식입니다. 동학의 초월적 인식은 인간이 그려온 인식의 원 중에서 아마도 가장 드넓은 원이 아닐까 싶습니다.

한편 '한살림' 운동의 시초로 평가되는 무위당 장일순은 동학의 정신을 삶의 실천으로 이어간 대표적인 인물입니다. 그의 삶 중심에는 항상 생명이 있었습니다. 그 바탕 위에서 한살림을 강조하고 실천했습니다. "한살림이란 이야기 그 자체가 뭐냐, 생명이란 얘기거든, 하나란 말이야. 나눌 수 없다는 거다 이 말이야. (…) 분리할 수가 없어요."** 모든 가장자리는 분리에서 생기고, 모든 분리는 차별을 낳습니다. 오늘날

* 조성환, 《한국 근대의 탄생》, 모시는사람들, 2018.
** 장일순, 《나락 한 알 속의 우주》(개정증보판), 녹색평론사, 2016.

장일순의 인식이 더욱 더 소중한 이유입니다.

제가 이끄는 공부 모임인 '깊은 삶 연구회'의 입문 과정
사람들은 커리큘럼의 마지막 날에 〈기미독립선언서〉를 함께
읽습니다.*** "오등은 자에 아 조선의 독립국임과 조선인의
자주민임을 선언하노라"로 시작하는 문장을 읽었던 기억이
모두 있을 것입니다. 하지만 새롭게 윤독하는 과정에서 그 시
절에는 발견하지 못한 것들이 눈에 들어옵니다. 특히 당시 민
족 대표들이 추구했던 초월의 안목에 주목하게 됩니다. 식민
을 겪던 우리 민족이 그 참담한 여건 속에서도 얼마나 초월적
인 삶을 실천한 민족이었는지를 느끼게 됩니다.

> 낡은 사상과 묵은 세력에 얽매인 일본 정치가들의 공
> 명심에 희생이 된 부자연스럽고 불합리한 그릇된 상
> 태를 바르게 고쳐서 자연스럽고 합리적인 올바른 큰
> 원칙으로 돌아가게 하려는 것 (…) 조선인으로 하여금
> 정당한 생존과 번영을 이루게 함과 동시에 일본으로
> 하여금 그릇된 길에서 벗어나 동양을 떠받치는 중책
> 을 다하게 하는 것이며, 중국으로 하여금 꿈속에서도
> 떨쳐 버리지 못하는 불안과 공포에서 벗어나게 하는

*** 〈기미독립선언서〉에 관해서는 다음 책을 참고했습니다. 가갸날 기획, 《독립선
언서》, 가갸날, 2019.

것이며, 또 동양 평화로 중요한 일부를 삼는 세계 평화와 인류 행복에 필요한 과정이 되게 하는 것이라.

선언서는 우리를 일으킨 마음이 원한과 분노가 아니라고 밝힙니다. 또한 우리의 독립은 분리가 만든 환영과 지옥으로부터 우리 자신을 구하고, 그 가해자인 일본과 이웃 나라를 구함으로써 세계와 인류의 평화와 행복을 회복하는 과정이 될 것이라 평가합니다. 이어지는 '공약 3장'에서도 초월적 정신은 이어집니다. 여기 담긴 초월적 정신의 일부는 오늘에도 이어져 한국인의 집회와 시위, 공연과 관람 질서 등은 세계가 높이 평가하는 덕목이 되었습니다.

결코 배타적 감정으로 그릇 달려 나가지 말라. (…) 최후의 한 사람까지, 최후의 한 순간까지 민족의 정당한 의사를 흔쾌히 발표하라. (…) 모름지기 질서를 존중하여, 우리의 주장과 태도를 어디까지나 떳떳하고 정당하게 하라.

초월의 삶이 너무 심원한 차원이어서 멀게만 느껴진다

면 예수도, 부처도 모두 인간이었다는 점을 상기할 필요가 있습니다. 단박에 도달할 수는 없더라도 초월의 삶을 늘 염두에 두고 작은 것부터 실천함으로써 최대한 가까이 가기 위해 노력할 수 있습니다. 내가 그리고 있는 원을 발견하는 일부터 시작하면 됩니다. 어떤 원인지, 얼마나 작은 원인지, 언제부터 그 원을 그리고 있었는지 알아차리는 것만으로도 마음의 변화는 시작됩니다. 원이 점점 커지고 자유와 평화도 함께 커지는 것을 느낄 것입니다.

분별하는 마음, 미워하는 마음으로 삶을 채우며 사는 건 너무 어리석은 일입니다. 삶은 사랑하며 살기에도 너무 짧습니다. 소중하지 않은 것에 삶을 쏟기보다 소중한 것들과 함께하는 삶이 훨씬 좋습니다. 우리가 정말 소중하다고 여기는 것들은 어디에 있을까요? 생존의 차원에만 머물러서는 결코 맛볼 수 없는 기쁨이 충만, 숭고, 초월의 삶 구석구석에 놓여 있습니다. 삶의 차원을 확장할수록 우리 삶은 소중한 것들과 점점 가까워집니다. 그 정점에는 무엇이 있을까? 두말할 필요도 없이 **사랑**이 있습니다.

나가며

다만 사랑하라

사랑이 깨어나면 삶의 밤은 새벽으로 밝아오고,
시린 자리로는 온기가 감돌기 시작하지.
벌어지는 모든 일은 마땅한 일이 되고, 모든 것에 감사하지.
모든 순간, 모든 것이 한없이 아름답지.

사랑하라, 다만 사랑하라.

가장 깊고 소중하게 들은 숲의 말입니다. 삶을 온전히 사
랑하는 사람들에게는 동일한 상황과 사물을 다르게 느끼고
볼 줄 아는 지혜가 있습니다. 사랑이 지닌 위대한 힘의 하나
가 아닐까 싶습니다. 매일 어린아이 또는 노인을 돌봐야 하
는 사람이 아직 사랑에 눈뜨지 못했다면, 그가 해야 하는 일
은 고역에 가까울 것입니다. 하지만 사랑을 아는 이에게 그
일은 고되지만, 흔쾌함 속에서 그 존재와 함께하는 시간일
것입니다. 모든 과정을 **기꺼이** 마주하게 하는 힘은 사랑으로

부터 나옵니다.

사랑의 본질은 같아서 어디에나 하나의 원리로 적용됩니다. 이제 책의 앞부분에 실었던 표의 빈칸을 사랑의 눈으로 채워보겠습니다.

냉이	밥	직장(일)	자식, 부모	성sex	신
먹거리	반찬	밥벌이	애착	쾌락	있다, 없다
봄, 향기	에너지	지겨움	사랑(효도)	임신	구원
겨울, 인내	어머니, 가족	성과, 승진	우주	사랑, 소통	영성
대견함	감사, 평화	자기실현, 설렘	사랑의 스승	연주, 위로, 치유	만남, 합일

거룩한 사랑에 눈뜬 사람들은 **밥**을 소중히 여기고 심지어 공경합니다. 하늘과 사람, 만물까지도 사랑한 동학의 2대 교주 최시형은 밥에 만사의 진리가 담겼음을 보았습니다. 그는 "밥 한 그릇을 먹는 행위가 곧 만사를 아는 것^{萬事知, 食一碗}"이라 했습니다.* 장일순도 밥을 그렇게 모셨습니다. 그는 밥 한 공기를 먹는 일은 우주를 영접하는 것과 같다고 했습니다.** 어느 순간부터 저 역시 늘 밥상을 감사와 함께 차리고, 그 마

* 최시형, 라명재 옮김, 〈천지부모〉, 《해월신사법설》, 모시는사람들, 2021.
** 장일순, 김익록 엮음, 《나는 미처 몰랐네 그대가 나였다는 것을》, 시골생활, 2010.

음으로 밥을 먹게 되었습니다. 제게는 밥을 풀 때마다 잊지 않고 행하는 작은 의례가 있습니다. 밥이 완성되어 밥솥을 열면 김과 함께 올라온 구수한 향이 집 안으로 퍼져나갑니다. 까닭 모를 행복감이 찾아옵니다. 이제 밥을 뒤섞고 그릇으로 옮길 차례인데, 그전에 가지런히 지어진 밥 위에 주걱으로 글자 하나를 씁니다.

心(마음 심)

소중한 친구의 할머니로부터 배운, 소박하지만 할머니께서 평생 해오셨던 신성한 의례입니다. 식구들의 삶을 이어줄 밥에 일생동안 감사를 표했을 엄마, 아내, 그리고 할머니의 마음이 어땠을지 저도 같은 의례를 치르면서 자연스레 느끼게 됩니다. 실천해보시면 알겠지만, 당신 마음에도 저절로 감사와 평화가 차오를 것입니다.

일도 그렇습니다. 자신을 진실로 사랑하는 사람은 자기 일과 직장도 진심으로 대합니다. 참된 사랑은 거짓을 허용하지 않습니다. 그는 자신에 대해서도, 타인에 대해서도 늘 정직함을 바탕에 둡니다. 그는 자신이 하는 일이 삶을 꽃피우는 중요한 과정임을 저절로 느낄 것입니다. 설레고 고맙지 않을 수 없습니다. 저 또한 강연을 할 때마다 설레고 기쁩니다. 강연 장소로 이동하는 차 안에서부터 내내 그렇습니다. 바라던 직장에 처음 출근하던 날의 기억을 떠올려보세요. 긴장도 되었겠지만, 틀림없이 들뜨고 기뻤을 것입니다. 지금은 그런 설렘이 사그라들었다면, 왜 그런지 살펴보는 것도 삶을 다시 일으키는 좋은 계기가 될 것입니다.

숲 생태계가 그렇듯이 만물은 관계의 사슬로 엮여 있어 각각 독립적이면서도 상호의존적입니다. 우주 만물은 하나의 근원에서 출발하여 각자 존재하면서도 서로를 돌봄으로써 아름다운 창조를 지속하고 있습니다. 그 바탕에는 관계가 있습니다. 어떤 관계는 서로 돕기도 하지만, 서로 상처를 주는 관계도 있습니다.

포유류의 **부모와 자식** 사이에는 생래적이고 본능적인 애착이 있습니다. 그중에서도 인간의 애착은 유별납니다. 아무래도 자식이 독립할 때까지 긴 돌봄의 시간을 갖는 존재이기 때문일것입니다. 온전히 사랑하는 관계는 서로를 살리지만, 그렇지 못하면 심각한 문제를 일으킵니다. 애착이 지나친 부모는 자식의 인생을 소유하려 합니다. 온갖 감미로운 말로 변명하더라도 그것은 탐욕이고 집착에 불과할 뿐입니다. 부모에 대한 의존이 지나친 자식은 독립된 자기 인생을 살지 못합니다. 드물게는 사랑의 문이 닫힌 채 방치되거나 무관심 속에 방치되기도 합니다. 이런 관계는 마음에 쉽게 메워지지 않는 깊은 웅덩이를 남깁니다. 인간이 겪는 최초의 상처는 대부분 가족 관계, 그중에서도 부모로부터 옵니다. 가벼운 상처는 금세 아물지만, 깊은 상처는 평생을 따라다닙니다. 극심한 상처는 문신처럼 새겨져, 삶의 흐름 전체에 영향을 미치기도 합니다.

부모 자식의 관계에서 잊지 말아야 할 것은, **모든 존재는 각자의 세계를 이루기 위해** 태어난다는 사실입니다. 진정한 사랑은 고유성과 독립성을 훼손하지 않고 존중합니다. 그들 사이로는 너무 차갑지도 뜨겁지도 않은 따뜻한 연결감이 흐릅니다. 진정한 사랑에 눈을 뜬 부모는 자식을 소유와 집착의 대상으로 보지 않습니다. 온전한 사랑 안에서 성장한 자식은 부모를 의존의 대상으로만 여기지 않습니다. 그들은 때로 갈등을 겪으면서도 결국은 서로가 서로에게 스승이었음을 깨닫게 됩니다.

또한 서로가 작은 우주라는 사실을 깨닫습니다. 부모 자식의 인연이란 것이 별과 별이 만나 다르게 빛날 새로운 별을 낳은 사이라는 것을 알게 됩니다. 하나의 근원 안에서 우주가 자기를 생성하고 전승하는 과정의 하나임을 깨닫습니다. 그런 부모는 자식이 자기 고유의 궤도를 찾아내어 빛나도록 돕습니다. 자식은 부모 역시 자신의 운명적 궤도를 돌다가 근원의 자리로 돌아가는 존재임을 알게 됩니다. 그렇게 사랑을 깨달은 자식은 어느 순간 문득 이렇게 생각할 것입니다. '내가 받았던 사랑을 어떻게 돌려드릴 수 있을까.' 명멸이 시작된 노년기의 별을 사랑하는 방법은 그 별을 더 자주, 더 깊이 바라보는 것입니다. 때에 이르면 그들을 최선의 존엄 속에서, 따뜻하게 배웅하는 것입니다. 요컨대 부모와 자식의 관계는 3장에서 다루었던 인생에 필요한 두 가지의 힘, 즉 '스스로 삶을 감당할 힘'과 '사랑할 힘'을 배우고 키우게 하는 가장 특별한 인연입니다.

사랑에 얼마나 열려 있느냐에 따라 사람마다 **성**을 다르게 경험합니다. 누군가는 성을 단순히 쾌락이나 생식生殖의 수단으로 경험할 때, 다른 누군가는 그것을 소통과 사랑으로 경험합니다. 진정한 사랑에 열린 사람들은 몸으로 나누는 사랑을 통해서도 가없는 희열을 경험할 수 있습니다. 우리는 금방 사라지는 감각적, 심미적 쾌감이 아니라 고귀한 희열을 본능적으로 그리워하는 존재들입니다.

사람이 다른 사람의 몸을 그리워하는 본능은 단지 쾌락 때문만은 아닙니다. 우리의 깊은 내면에는 연결되고자 하는 열망, 다시 말해 엑스터시ecstasy에 대한 그리움이 자리하고 있기 때문입니다. 물론 어떤 이는 술이나 약물을 통해 엑스터시에 닿기도 합니다. 혹은 깊은 명상과 선정禪定을 통해 도달할수도 있습니다. 하지만 우리에게는 몸과 예술이라는 또 하나의 경로가 있습니다. 엑스터시는 내가 그려놓은 좁은 원, 즉자아의 경계를 벗어나는 경험입니다. 어원을 살펴보더라도 '밖outside, ecs'과 '서다stand, stasis'의 결합으로, '자기 바깥에 서는경험'을 뜻합니다.

우리가 추구하는 깊은 기쁨, 다시 말해 '숭고한 삶'에서오는 정신적 희열, '초월의 삶'에서 오는 영적 희열은, 바로 그엑스터시에서 비롯됩니다. 이들은 마음속 가장 큰 원을 그리는 사람들이거나 아예 모든 경계를 지운 이들입니다. 그들은일시적인 감각의 쾌감이나 미적 만족이 아닌 가없는 기쁨을알고, 그것을 사랑 안에서 몸으로도 경험할 수 있는 존재입니다. 진정한 사랑 안에서 나누는 섹스는 차라리 하나의 '연주'이자 '노래'에 가깝습니다. 서로의 몸과 마음을 마치 귀한 악기를 연주하듯 정성껏 어루만져 하나의 리듬을 만듭니다. 사랑 안에서 그들은 아름다운 멜로디와 하모니를 그려나가며기쁨을 만끽합니다. 이때 그들이 몸으로 나누는 사랑은 단순한 쾌락의 추구가 아닙니다. 따뜻한 위로이며 깊은 치유의 경험입니다.

사랑 안에 있는 이들에게는 **신**이 다르게 느껴지고, 새롭게 다가오기도 합니다. 온갖 임시적인 것들을 붙들고 허우적 대는 사람들은 소모적 논쟁('신은 있다, 혹은 없다')을 좋아할지도 모릅니다. 혹은 나의 신이 진짜고, 너의 신은 가짜라고 핏대를 세울지도 모르겠습니다. 하지만 머리가 쉴 새 없이 일으키는 가상적 현실들이 대부분 허구임을 알아차리고, 다만 현존한다면 신에 관해 다른 것들이 느껴질 것입니다.

그들은 나비의 날갯짓, 올챙이의 꼬물거림, 아기의 해맑은 웃음과 울음, 환하게 핀 꽃과 바람에 살랑이는 이파리들에서도 자비로운 신의 숨결을 느낄 것입니다. 천지사방에 가득한 은총과 영성이 오롯이 느껴지기도 하고, 종종 그것과 자신이 하나로 정렬되어 있음을 느낄 것입니다. 나약한 인간으로서 그 일체감에서 벗어나지 않으려 쉴 새 없이 성찰하는 것이 신의 사랑 안에 머무는 길이라는 것도 깨닫습니다.

혹여라도 구원을 가져다줄 존재로서만 신을 믿고, 딱 그 지점에 신앙이 박제되어 있다면 안타까운 일입니다. 심판자로서의 신만을 섬기는 일은 가난한 신앙입니다. 우리가 온전한 사랑에 닿았을 때, 자연스레 색안경을 벗고 한순간도 자신의 곁을 떠나지 않는 신을 영접할 것입니다. 또한 전쟁터의 비명과 이웃의 눈물을 지나치지 않고 함께 울고 있는 신을 느낄수 없다면, 그런 신앙은 야위었고 메말랐다고 말할 수밖에 없습니다. 우리의 무지와 무관심은 신을 수고롭게 할 뿐입니다.

3장에서 숲이 들려준 사랑의 정의를 짧게 쓴 적 있습니다. 사랑은 함께하고 싶은 것이라고, 그래서 기꺼이 함께하는 것이라고. 저의 어머니가 당신의 일생을 통해 보여주신 사랑도 딱 그랬습니다.

　그녀가 태어나고 자란 곳은 벼랑 끝과 같았습니다. 그녀는 일제강점기 시절, 충북 괴산과 경북 문경을 가르는 백두대간 산기슭의 어느 가난한 집에서 태어났습니다. 그녀의 아버지는 외동딸을 오래 지켜주지도 못하시고 세상을 떠났습니다. 남은 가족들이 감당했던 삶이 얼마나 곤궁했을지는 감히 짐작하기도 어렵습니다. 소녀 시절에 3년 동안 전쟁의 공포를 겪은 뒤, 열여덟 살 되던 해에 재 너머의 산기슭 동네로 시집을 왔습니다. 그녀의 남편은 아직 병역을 마치지 않은 스물두 살의 청년이었습니다. 그는 세 살 때 어머니를 여읜 남자였고, 전쟁통에 아버지까지 잃게 된 터라 어쩔 수 없이 학업을 중단하고 당장 가장의 운명을 걸머져야 했던 사내였습니다. 그 남자의 처지도 딱했습니다. 전쟁 끝에 가세는 기울었고 곁에는 다 늙은 할머니 한 분뿐이었습니다. 그녀는 막막함과 함께 세상에 덩그러니 남겨진 그 남자의 아내가 되었습니다. 겨우 열여덟 살에 자신뿐만 아니라 주변마저 살려내야 하는 삶을 시작했습니다.

벼랑 위의 소나무와 진달래가 말했습니다. '산다는 건 고난의 숲을 헤쳐가는 것이라고, 그럼에도 자신의 꽃 피우기를 멈추지 않는 것이라고. 살아간다는 건 무수한 상처를 입는 것이라고, 그럼에도 끝내 제 노래를 목청껏 부르는 것이라고.'

그녀는 자식 여섯을 낳아 첫째를 잃었고, 남은 다섯 명을 키웠습니다. 무학에 문맹이었지만 시대의 변화를 느끼고 생존의 기반을 닦아가는 감각과 헌신은 남달랐습니다. 깊은 산골짜기를 버리고, 온 골짜기의 사람들이 자주 오가는 동네로 이사했습니다. 남편의 수입으로는 입에 풀칠도 어려웠습니다. 가진 것 없는 고난의 현실에서 그녀는 장과 골짜기를 오가는 행상을 시작했습니다. 무명 치마, 흰 버선에 고무신을 신고, 산골 농부들이 생산하는 농산물을 사서 머리와 등에 지고 수십 리 길을 걸어 장에다 팔았습니다. 그 돈으로 갖가지 생필품을 사다가 산골 집집을 오가며 팔았습니다. 그렇게 몇 년 동안 발품을 팔아 모은 돈으로 신작로 옆의 집을 샀고, 그 집을 뜯어고쳐 조그마한 가게를 열었습니다. 학교와 관공서 직원들을 대상으로 하숙을 쳤고, 군중이 모이는 행사가 열릴 때면 집 마당에서 음식을 만들어 팔았습니다.

백사장이나 갯돌 위에서 염분을 끝없이 뒤집어쓰고도 어떻게든 꽃을 피우는 갯메꽃이 말했습니다. '사랑에는 원망이 살지 않는다고. 다만 껴안음만이 산다고. 꽃은 주어지는 나날 가리지 않고 다 껴안아, 그냥도 아니고 와락 껴안아 피는 것이라고.'

사랑으로 사신 어머니는 '일어나는 모든 일이 다 마땅한 것'임을 깨닫게 했습니다. 셋째 딸이 높은 데서 떨어지는 사고를 겪었는데, 이후 정신발달이 여느 아이들과 달라졌습니다. 그 사고로 예쁜 딸은 하루아침에 중증의 지적장애를 가지게 되었습니다. 학교도 당신의 딸을 거부했습니다. 어머니는 그 딸을 품고 사셨습니다. 그 딸이 혼기에 이르렀을 때, 어머니는 가족회의를 열고 그녀를 시집보내겠다고 발표했습니다. 형제들의 찬반이 있었지만, 부모님의 강력한 의지 속에서 저의 누님은 결혼했습니다. 막내 매형은 장남이었습니다. 어머니는 사위의 늙은 부모님을 한동네로 거처를 옮기게 한 뒤, 며느리를 대신해서 그들을 모셨습니다. 두 분의 장례를 치른 사람도, 몇 년 동안의 제사상을 차린 사람도 모두 어머니였습니다.

어머니는 셋째 딸이 아이 하나를 낳도록 하셨습니다. 그리고 그 마음 저린 손녀의 엄마가 되었습니다. 이제는 늙어지신 저의 어머니가, 다시 그 어린 것의 엄마로 살기 시작했습니다. 저 태어난 곳이 또 다른 벼랑 같아서 그 손녀는 사춘기를 겪으면서부터 종종 울었습니다. 하지만 그 아이 마음에 있는 사랑의 독은 할머니를 통해 시나브로 채워졌습니다. 할머니와 수없이 부딪고 때로는 원망하며, 할머니의 사랑을 몸으로 느끼고 제 것으로 삼는 과정을 반복하며 성장했습니다. 저를 이 세상으로 오게 한 제 벼랑과 또 다른 벼랑들을 돌보고 싶었던 것일까요? 그 손녀는 대학에서 심리학과 사회복지학을 전공했습니다. 할머니가 젊은 날 행하신 것처럼, 저도 열심히 일하고 돈을 모으더니 제힘으로 대학원을 졸업해 교사가 되었습니다. 지금은 학교에서 아이들의 다친 마음을 보듬는 상담교사가 되었습니다. 벼랑 끝에서 태어나 돌 틈 사이로 뿌리를 박아넣고 드디어 꽃피기 시작한 '새봄이'에게 일생을 함께하고 싶다는 아름다운 청년이 나타났고, 둘은 망설임 없이 백년가약을 맺었습니다.

어머니는 몇 해 전 세상을 떠나셨습니다. 조금만 더 사셨어도 마음 저린 손녀 새봄이의 진짜 '새봄'을 여한 없이 보셨을 텐데…. 정년 퇴직을 눈앞에 두고 갑자기 쓰러진 아버지를 스무 해가 넘도록 곁에서 지키다가, 그를 먼저 보내시고 두 해가 흐른 뒤의 가을이었습니다. 요 몇 달 병원에 계셨던 이유가 폐암 말기 때문이었다는 사실을 당신도 알게 된 다음 날이었습니다. 어머니는 강연을 마치고 돌아오는 제게 전화를 걸어 갑자기 유언을 남기셨습니다. 어떤 주저함도, 망설임도, 섭섭함도 없이 맑고 담담한 목소리였습니다. 어머니의 첫마디에 목구멍은 뜨거워지고, 시야가 뿌옇게 흐려지기 시작했습니다. 급히 갓길에 차를 세웠습니다.

엄마가 폐암 말기라며? 고칠 수 없다더라. 돌아보니 이만하면 잘살았구나 싶다. 나무 수저 두 벌에, 참빗 하나 들고 재 넘어 시집와서 남한테 나쁜 짓 안 하고도 이만큼 이뤘고…. 자식들도 잘 커줬으니 이만하면 잘 산 거 아니겠냐?

아들아! 어미는 아무것도 피하지 않았고, 도망치지도 않았다. 인생에 피하고 싶다고 피할 수 있는 것도 없고, 도망치고 싶다고 도망칠 수 있는 것도 아니더라. 아들도 피하지 말고 살아라. 용기로 살아라. 다 껴안아 봐라. 그러면 당장은 고되더라도 답은 좋게 오더라.

부탁 하나 하마. 새봄이하고 네 막내 누나…. 내가 평소 새봄이 시집보낼 때까지만 살게 해달라고 하늘에 빌었는데 이제 그건 틀렸고, 그래서 너희들한테 부탁한다. 엄마 마음 알지? 잘 부탁한다.

메인 목은 말을 내지 못했습니다. 창문을 열고 바람을 들인 뒤 제 가슴을 여러 번 문지르자 겨우 소리가 나왔습니다. 그 마음 잘 안다고, 걱정 놓으시라고, 약속드린다고…. 내일

아들과 함께 동네 한 바퀴 돌면서 친구들도 보시고, 꽃도 보시고, 앞뜰도 보자고 말씀드렸습니다. 전화를 끊은 뒤, 쉰 살이 훌쩍 넘은 아들은 차 안에서 뜨거워진 목이 다 풀어질 때까지 엉엉 울었습니다.

숲의 말을 자식마다 다르게 남기신 어머니는 몇 주 뒤 호스피스에서 마지막 숨을 힘없이 내뱉고는 돌아올 수 없는 길을 떠나셨습니다. 모든 자식이 어머니의 마지막을 함께 지켰지만, 집 밖으로 나오지 못하는 막내 누님만은 함께 배웅하지 못했습니다. '저분이 예수님이지' 하고 가끔 생각해보게 되는 매형을 통해 소식을 들은 제 막내 누님은 어머니의 오랜 친구에게 "엄마가 죽었대. 우리 엄마가 죽었대"를 연신 내뱉으며 울었다고 들었습니다.

벼랑 끝에서 태어나 '그래도 꽃 피고 오라'는 시험지를 받아 든 삶이 어디 제 어머니만의 삶이었을까요. 그때나 지금이나, 이곳이나 그곳이나, 인간이나 다른 생명이나, 모두 같은 시험지를 풀고 있는 존재들일 것입니다.

먼저 핀 꽃들이 어떻게 꽃을 피울지 해답을 찾는 존재들에게 이릅니다.

사랑하라, 다만 사랑하라.

사랑이 무엇이냐 묻는 존재들에게 숲 생명들이 말합니다.

사랑은 와락 껴안는 것.

숲이 말합니다.

사랑은 우리가 태어나고, 살고, 죽어야 할 궁극의 집.

이라고.

어제보다 조금 더 깊이 걸었습니다

1판 1쇄 찍음	2025년 5월 15일
1판 1쇄 펴냄	2025년 5월 22일

지은이	김용규
펴낸이	김정호

주간	김진형
책임편집	이형준
디자인	형태와내용사이, 박애영

펴낸곳	디플롯
출판등록	2021년 2월 19일(제2021-000020호.)
주소	10881 경기도 파주시 회동길 445-3 2층
전화	031-955-9504(편집) · 031-955-9514(주문)
팩스	031-955-9519
이메일	dplot@acanet.co.kr
페이스북	facebook.com/dplotpress
인스타그램	instagram.com/dplotpress

ISBN	979-11-93591-36-9 03100

디플롯은 아카넷의 교양·에세이 브랜드입니다.
아카넷은 다양한 목소리를 응원하는 창의적이고 활기찬 문화를 위해 저작권을 보호합니다. 이 책의 내용을 허락 없이 복제, 스캔, 배포하지 않고 저작권법을 지켜 주시는 독자 여러분께 감사드립니다. 정식 출간본 구입은 저자와 출판사가 계속해서 좋은 책을 출간하는 데 도움이 됩니다.

* 이 책은 (재)대우재단에서 추진 중인 국민 정신건강증진사업(보건의료사업) '꿈과 휴'의 일환으로 발간됩니다.